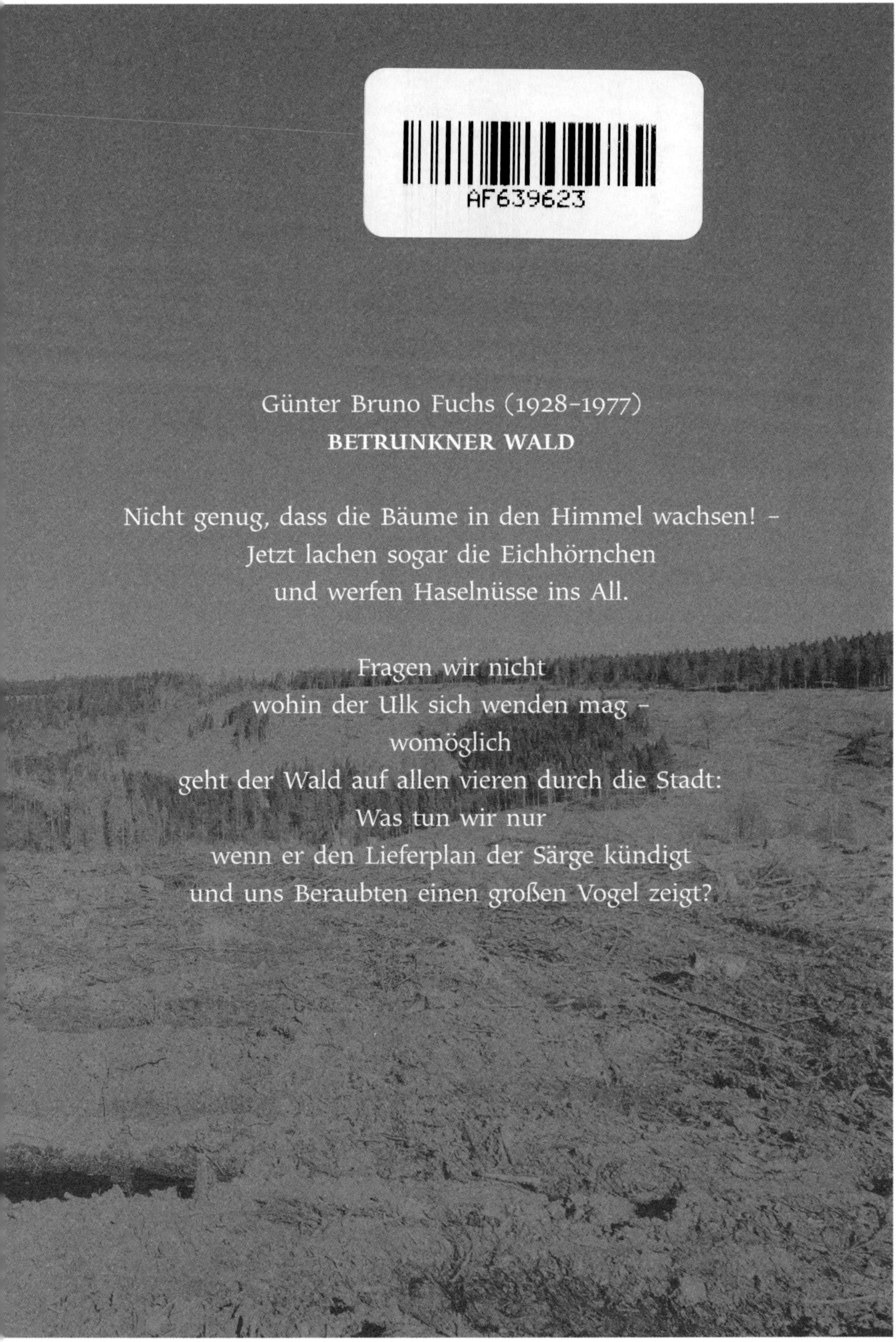

Günter Bruno Fuchs (1928–1977)

BETRUNKNER WALD

Nicht genug, dass die Bäume in den Himmel wachsen! –
Jetzt lachen sogar die Eichhörnchen
und werfen Haselnüsse ins All.

Fragen wir nicht
wohin der Ulk sich wenden mag –
womöglich
geht der Wald auf allen vieren durch die Stadt:
Was tun wir nur
wenn er den Lieferplan der Särge kündigt
und uns Beraubten einen großen Vogel zeigt?

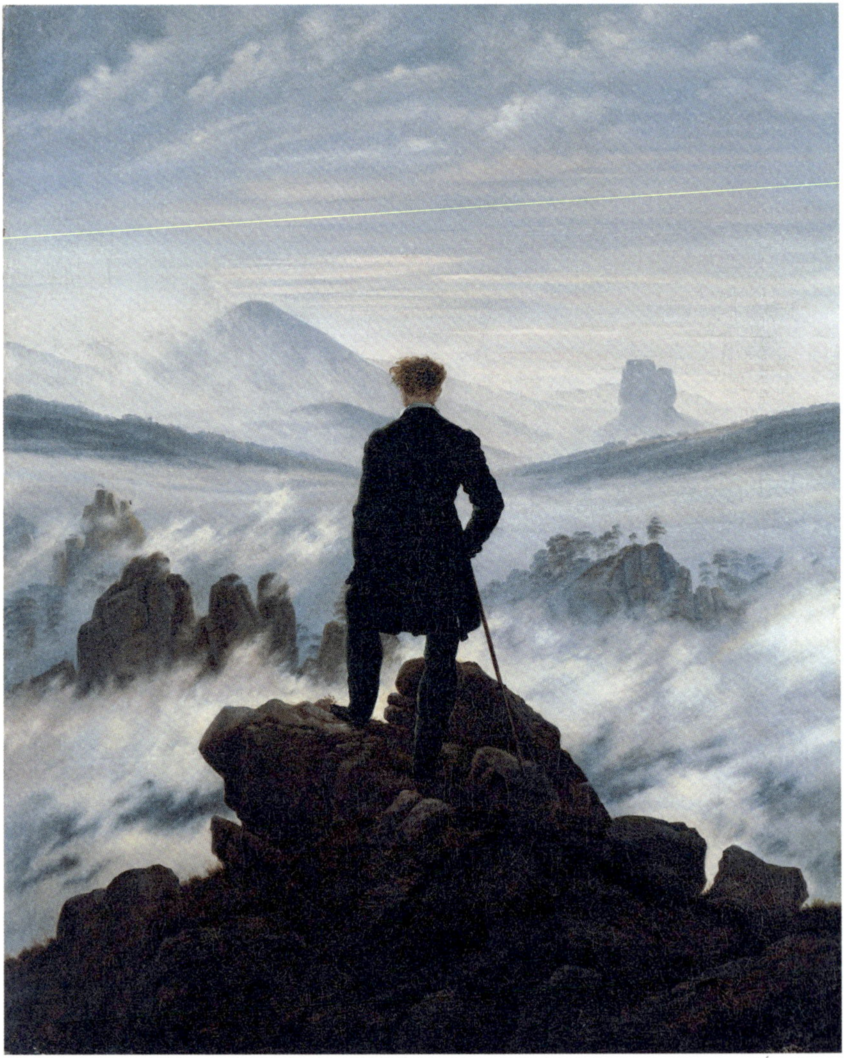

Caspar David Friedrich, Der Wanderer über dem Nebelmeer (1818)

EUROPEAN ESSAYS ON NATURE AND LANDSCAPE

Landschaften sind grenzübergreifend, der Blick auf Landschaften und die Kenntnis von ihnen schaffen Gemeinsamkeiten. Geschichte, Politik, Geologie, Wirtschaft, Biologie, Kunst und Literatur und viele Wissensbestände mehr werden in der Betrachtung der EUROPEAN ESSAYS ON NATURE AND LANDSCAPE zum Gegenstand. Die Beschäftigung mit Landschaften schärft den Blick auf die uns umgebende Natur und sie regt zum eigenen Naturerleben an. Wir sind auf unsere Landschaften in vielfältigem Sinn angewiesen, sie sind unsere Lebensgrundlage – vor allem die der kommenden Generationen. Warum Essays? Der Essay ist streng im Blick auf das Ergebnis, nicht aber in der Systematik. Im Mittelpunkt steht oft die persönliche Auseinandersetzung der Autorin oder des Autors mit dem jeweiligen Gegenstand. Alles ist erlaubt, wenn es die Lesenden dem Gegenstand näherbringt, ihn für sie erschließt. Der Essay ermöglicht einen an Perspektiven reichen Blick. In der hier vorgestellten Buchreihe den auf Landschaften und Naturphänomene in Europa.

WALDENDZEIT

Caspar David Friedrich will gezielt verhindern, sich mit dem Blick des Wanderers identifizieren zu können. Man fragt sich, was der wohl sehen könnte. Die Antwort ist denkbar einfach – nämlich Nebel, nichts. Es ist nicht ein wehmütiger Blick zurück, sondern einer auf die unsichere Zukunft. Er malt das Bild zu jener Zeit, in der andere die Waldeinsamkeit entdeckten und sie zu romantisieren begannen: der Wald als Seelenheimat und Ruhepol des Menschen angesichts rascher Veränderungen. Es ist stets eine Manifestation der Verinnerlichung, von der sich Friedrich mit seinem in die Zukunft blickenden Wanderer deutlich absetzte. Wilhelm Bode

EUROPEAN ESSAYS ON NATURE AND LANDSCAPE

WILHELM BODE

WALD ENDZEIT

Mit einem Vorwort von Hans Joachim Schellnhuber

KJM Buchverlag

Die EUROPEAN ESSAYS ON NATURE AND LANDSCAPE
werden von Klaas Jarchow herausgegeben.

Redaktion: Katrin Köhler, Johanna Rädecke und Lena Frings

1. Auflage September 2024

Simrockstr. 9a, 22587 Hamburg
www.europeanessays.eu
ISBN 978-3-96194-247-3
Vertrieb: KJM Buchverlag, Hamburg
www.kjm-buchverlag.de

Satz, Gestaltung: Svenja Wiese, Hamburg
Gestaltungskonzept: Eberhard Delius, Berlin
Gesetzt aus der Alisal Pro und der Scala Sans Pro
gedruckt auf Munken Pure 120 g, Überzug f-color natur Hanf geprägt
Cover und Umschlaggestaltung: Rothfos & Gabler, Hamburg
unter Verwendung von Caspar David Friedrich: Der Wanderer über dem Nebelmeer
Vorsatz: Bild von Laszlo Maraz | Gedicht aus: Günter Bruno Fuchs, Werke in drei
Bänden, Bd. 2, Carl Hanser Verlag 1992, S. 63. Nachsatz: Bild von Rainer Kant
Korrektorat: Astrid Schwarz, Andrea Wolf und Rainer Kolbe, alle Hamburg
Druck & Bindung: Gugler Medien GmbH, Melk/Donau
Printed in Austria

C2C SILBER
drucksinn.at

FSC MIX Papier FSC® C005108

print 4 climate®

UW-Nr. 609

Mehr über die European Essays
on Nature and Landscape:
www.europeanessays.eu

In Dankbarkeit gewidmet meinem
Freund, dem Metallbildhauer
Professor Wolfgang Nestler

Ich verdanke Dir nicht nur mein
Verständnis für die Kunst

Inhaltsverzeichnis

Hans Joachim Schellnhuber

Vorwort

Außergewöhnliche Probleme erfordern außergewöhnliche Lösungen; außerordentliche Botschaften brauchen außerordentliche Erzählungen …

Das außergewöhnliche, ja existenzielle Problem, das mich seit ca. 30 Jahren als Wissenschaftler beschäftigt, ist der *menschengemachte Klimawandel*. Mit dem öffentlichen Auftrag, die Ursachen, Auswirkungen und Erfordernisse dieser planetaren Umweltkrise bis ins Detail zu verstehen, gründete ich 1992 das Potsdam-Institut für Klimafolgenforschung (PIK). Damals war ich noch der festen Überzeugung, dass spätestens im Jahr 2020 die Problematik nicht nur wissenschaftlich durchdrungen, sondern mithilfe der gemeinsamen politischen Willensbildung aller Staaten der Erde gelöst sein würde. Weit gefehlt, aber dazu unten mehr.

Die außerordentliche Botschaft, die Wilhelm Bode, der Verfasser dieses Buches, seit vielen Jahren unermüdlich verbreitet, ist das *Dauerwaldprinzip* als Grundlage jeder guten Forstwirtschaft. Dabei geht es im Kern darum, den Wald durch kluge und verantwortungsbewusste Nutzung in ein permanentes dynamisches Gleichgewicht zu steuern. In diesem Zustand ist das bewirtschaftete Ökosystem vital, weitgehend störungsresistent, hochproduktiv – und schön. Damit ist der Dauerwald dem »Altersklassenwald«, der durch eine industrielle Kahlschlag- und Nachpflanzstrategie entsteht, in nahezu jeder Hinsicht überlegen. So lautet jedenfalls Bodes überzeugende Botschaft im Geiste des großen deutschen Forstwissenschaftlers Alfred Möller. Dieser begründete in den 1910er-Jahren in Eberswalde die Dauerwaldidee als »Leitgedanken naturgemäßer Waldwirtschaft«.

Aber was hat der Dauerwald mit dem Klimawandel zu tun? Nun, der erschreckende Befund der aktuellen Wissenschaft lautet, dass die durch das Verbrennen fossiler Energieträger forcierte Erderwärmung sich derzeit direkt auf den roten Bereich zubewegt. Schon in 20 bis 30 Jahren könnte die 2 °C-Leitplanke des Pariser Klimaabkommens durchbrochen werden, was längerfristig zum Zusammenbruch großer Umweltsysteme (wie des Grönländischen Eisschildes oder des Amazonas-Regenwaldes) führen dürfte. Um die Klimaexkursion in die zivilisationsbedrohenden Regionen zu begrenzen und sogar wieder rückgängig zu machen, müssen zwei Dinge geschehen: *erstens* die weltweite Beendigung des fossilen Wirtschaftens bis spätestens 2040 und *zweitens* die Entfernung beträchtlicher Mengen von CO_2 aus der Erdatmosphäre, wodurch die historischen Treibhausgasemissionen teilweise unschädlich gemacht werden können.

Beides sind Aufgaben von historisch einzigartigen Dimensionen. Die erste Herausforderung kann unter dem Begriff »Energiewende« zusammengefasst werden, und hier ist die Weltgemeinschaft immerhin auf einem guten Weg. Für die zweite Herausforderung müssen dagegen völlig neuartige Ansätze gefunden werden. Zusammen mit einer internationalen Gruppe von Forschern habe ich dazu eine außergewöhnliche Lösung vorgeschlagen, nämlich die *»Wald-Bau-Pumpe«*: Extrem vereinfacht geht es darum, Siedlungen und Infrastrukturen rund um den Globus aus organischen Materialien (wie Holz und Bambus) zu errichten und möglichst lang (mindestens 200 Jahre!) instand zu halten. Die zu verwendenden nachwachsenden Baustoffe entstehen bekanntlich per Photosynthese, die der Luft mithilfe von Sonnenlicht CO_2 entzieht. Man kann wissenschaftlich belegen, dass diese Pumpe erheblich zur effektiven Bekämpfung des Klimawandels beitragen würde, aber woher kommen die benötigten riesigen Mengen an Biomasse? Nun, vorwiegend aus dem Dauerwald – hier treffen sich Schellnhuber und Bode.

Letzterer hätte ein ganz konventionelles Buch schreiben können, wo er die Möller'sche Idee kundig erläutert und schließlich in den Kontext der uns bedrohenden globalen Umweltveränderungen (Klimakrise, Schwund der Artenvielfalt, Verlust fruchtbarer Böden usw.) gestellt hätte. Stattdessen hat er etwas Außergewöhnliches gewagt, nämlich sein Anliegen in eine Erzählung gefasst, *die auf virtuose Weise Wissenschaft, Praxis, Politik und Kunst miteinander vereinigt*. Und die uns die Augen für Zusammenhänge öffnet, die wie ein kulturelles Wurzelwerk verborgen bleiben müssen, wenn dieses nicht jemand für uns freilegt.

Das Leitmotiv der Bode'schen Erzählung ist die Malerei von Caspar David Friedrich, dessen ikonische Bilder er wie ein Kriminalist auswertet und als zeitgenössische Belege für eine fatale Waldwende im Deutschland der Jahrzehnte um 1800 deutet. Dadurch wird der romantische Maler zum Chronisten der »forstlichen Aufklärung« – dieser Geistesblitz allein rechtfertigt das Erwerben dieses Buches. Aber Bode stellt auch viele andere Kunstwerke aus Malerei und Dichtung in den Dienst seines Narrativs. Dieses endet mit einem leidenschaftlichen Plädoyer für den Dauerwald als Grundprinzip für eine gute Waldzukunft, die selbst den Stürmen des Anthropozäns zu trotzen vermag.

Mehr will ich hier nicht verraten; die Lesemühe und das damit verbundene intellektuelle und ästhetische Vergnügen müssen Sie sich schon selbst machen.

Laxenburg bei Wien im Juli 2024

Waldendzeit?

Caspar David Friedrichs *Wanderer über dem Nebelmeer* ist die unbestrittene Ikone der romantischen Malerei Deutschlands. Das Gemälde wird deswegen nicht zu Unrecht als die *Mona Lisa* der Hamburger Kunsthalle bezeichnet. Wer ihre jüngste Friedrich-Ausstellung zum 250. Geburtstag des Malers im Jahr 2024 besuchte, traf staunende, andächtig schweigende Besucher, die magisch angezogen in kontemplativer Stille davor verharrten. Wenn man ein bildnerisches Zeugnis unserer Kulturgeschichte für die im Ausland gern zitierte romantische Seele der Deutschen sucht, dann hat man sie in Caspar David Friedrichs *Wanderer über dem Nebelmeer* gefunden.

Die kunstgeschichtlichen Deutungsversuche sind zahlreich und häufig widersprüchlich. Es werden die absonderlichsten Versuche unternommen, Zusammenhänge oder gar persönliche Erlebnisse des Malers hineinzuinterpretieren, für die es aber keinerlei zuschreibbare Anhaltspunkte oder gar Aussagen von ihm selbst gibt. Der Wanderer in einem »*hoffnungsgrünen*« Rock erinnere beispielsweise an seinen verstorbenen liberalen Freund. Oder das Gemälde spiegele für den betrachtenden »*Städter*« das Erlebnis »*Zurück zur Natur*«. Oder es zelebriere die »*Widersprüche des Daseins*«, denn man könne wie der Wanderer im Bild »*auf beiden Beinen stehen und doch den Abgrund vor Augen haben*«. Wo er herkomme, sei es finster, aber wo er hinschaue, blende ihn das »*ewige Licht*«. »*Die Gott geschaffene Natur*« werde auch diesen Wanderer überdauern. Oder gar, er stehe »*über den Wolken*«, denn der Himmel läge »*ihm zu Fü-*

ßen«. Auf dem Gipfel träte der Wanderer in ein *»Gespräch mit sich selbst, der Welt und mit Gott«* ein. Wäre es nicht sogar naheliegend, in ihm *»den Mönch im Nebelmeer«* wiederzuerkennen? Und so fort!

Diese Versuche vereinigt ein häufig bemühtes romantisches Vorurteil unserer Zeit, dem mitunter keine malerische Konstruktions- und Objektanalyse zugrunde liegt. Sie machen sich vor allem an Caspar David Friedrichs tiefer Gottesverehrung fest und ignorieren gleichzeitig seine konstruierten, symbolistischen Objektanordnungen. Friedrich geht verschlungene, der Analyse aber durchaus zugängliche Wege der Staffage von Landschaftselementen, Farb- und Formenkompositionen, Perspektiven, geometrischem Bildaufbau und seinen oft nur rezessiv hineingestellten Figuren. Häufiges Merkmal seiner Personenstaffagen sind seine Rückenansichten, von meistens eben nicht bildbeherrschenden Figuren, die mitunter wie nachträglich hineinappliziert erscheinen. Also ganz anders als beim *Wanderer über dem Nebelmeer*. Er ist ein im Detail ausgeführtes Rückenporträt und bildbestimmend. Folgt man der akribischen Analyse des Kunsthistorikers Johannes Grave, kommt man zu einer gänzlich anderen Interpretation als die vorstehend beschriebenen Deutungsversuche – nämlich zu einer mit malerischer Bodenhaftung, mit der allerdings nach wie vor offenen Frage, die uns Friedrich zu erraten aufgibt: Um wen handelt es sich bei der dargestellten Person?

Grave stellt zunächst fest, dass die »Irritationen« des Betrachters im Vergleich zu Friedrichs Gemälden *Eismeer* und *Watzmann* sich hier nicht einstellen, nämlich das Gefühl der menschlichen Verlorenheit oder das der Gewaltigkeit des Bergmassivs. Der Wanderer biete deswegen keine Anhaltspunkte für kantische »*Empfindungen des Erhabenen*«. Morgendlicher Nebel im Gebirge ist heute – und erst recht zu Friedrichs Zeiten – kein besonders beeindruckendes Naturphänomen und das dunstige Mittelgebirge dahinter eher noch weniger; Letzteres füllt den Hintergrund, ohne eine eigene Aussage zu beanspruchen. Die zu vermutenden bizarren Solitärfelsen des Elbsandsteingebirges von einer Anhöhe aus zu betrachten, könnte schon eher die Gewaltigkeit der Natur empfinden lassen. Aber ebendieses Erlebnis verhindert der Maler mithilfe der Nebelschwaden. Naturgewalten sehen offenkundig anders aus als das, was sich hier dem vermeintlichen Wanderer darbietet!

Grave unterstreicht, dass der Maler den im Zentrum stehenden Menschen regelrecht zum Maßstab und zur Achse der symmetrischen Szenerie nimmt. Er teilt sie mittig und beherrscht sie anstelle einer Imposanz der Natur. Seine dominante Figur verstellt den Blick auf das Vordergrundgebirge im Nebel wie auf das dunstige, sanft streichende Mittelgebirge in der Ferne. Der ungewöhnlich kantige Felsen in Kopfhöhe rechts des Wanderers, vermutlich der Zirkelstein des Elbsandsteingebirges, wiederholt in Umrissen dessen kantigen rotblonden Kopf und betont ihn damit vor einem verschwommenen Hintergrund. Dieser Felskopf ist relativ zur Wirklichkeit deutlich überhöht, um aus dem Nebel herauszuragen. Was für die Bedeutung spricht, die die Person im Vordergrund für den Künstler hat. Der böhmische Kegelberg in der linken Bildhälfte scheint mit seinen sanften Abhängen sogar die Schulterzüge des Wanderers zu wiederholen. Er gewinnt erst durch die vertikale Achse der Rückenfigur an Sichtbarkeit. Beide Bergformationen rahmen den Wanderer regelrecht ein. Der Friedrich-Experte Helmut Bösch Supan folgert daraus, man könne sich weniger als in jeder anderen seiner Rückenansichten diese Szenerie ohne ihn überhaupt vorstellen. Oder anders ausgedrückt: Es handelt sich nicht um ein Landschaftsbild, sondern um die Darstellung einer konkreten Person, die der Maler für bedeutsam genug hielt, sie zum zentralen Motiv zu erheben und uns rätseln zu lassen, wer es ist. Er wählte dazu einen im Morgennebel sich allmählich lichtenden Nahblick wie einen verschwommenen Fernblick auf eine typische deutsche Allerweltslandschaft, nämlich ein sanft streichendes Mittelgebirge. Letzteres komponierte er aber, vom böhmischen Mittelgebirge inspiriert, künstlich hinein. Er wählte den Tagesbeginn, eine gängige malerische wie poetische Metapher für das, was zeitlich vor einem liegt, die Zukunft eines anbrechenden Tages.

Um zu verhindern, dass der Betrachter sich in die Person der Rückenfigur hineinversetzt, wie in vielen seinen Gemälden mit Rückenfiguren beabsichtigt, steht diese auf einem imaginären Gipfel, der erst in jüngerer Zeit als ein Felsen identifiziert wurde, den man beim Aufstieg zur nahen Kaiserkrone allerdings unterhalb des Gipfels vorfindet. Friedrich erhebt ihn zum Gipfel, auf dem der Wanderer in kraftvoller Pose von oben auf die Landschaft herabschaut. Auch dieser frei erfundene Gipfel ist in Relation zur restlichen Gebirgsmorphologie deutlich überhöht. Die Figur schaut einem Feldherrn und nicht einem Wanderer gleich auf die Welt zu seinen Füßen – unverbraucht, kraftvoll, sogar eher tatendurstig und nicht wie nach mühevollem Aufstieg. Sie versperrt den Blick des Betrachters, der sie nur schräg von unten sehen kann. Der vermutlich selbstbewusste Blick des Wanderers auf eine verschwommene Landschaft ist das einzige Ereignis – sein Blick auf eine vernebelte Landschaft und nicht auf eine konkret sichtbare. Man sieht nur, dass einer schaut – eine Szene ohne Handlung im Wortsinn. Friedrich will gezielt verhindern, sich mit dem Blick des Wanderers identifizieren zu können. Man fragt sich zwangsläufig, was der wohl sehen könnte, was einem selbst erst recht verwehrt ist. Die Antwort ist denkbar einfach – nämlich Nebel, nichts. Um das zu erreichen, wählt Friedrich den ungewöhnlichen Blick des Betrachters von unten nach oben. Ist das vielleicht die von Friedrich sogar angestrebte Aussage? Was für niemanden zu sehen ist, ist die Zukunft ferner Zeiten.

Kunsthistorisch wird das Gemälde um das Jahr 1818 datiert. Er malte es also in der nachnapoleonischen Zeit rascher Veränderungen des Lebens und der Kulturlandschaft infolge der seitdem unwiderruflich um sich greifenden Aufklärung. Wie die Nacht vor dem Morgen war sie für die romantischen Maler darum eine Zeit der Düsternis, der Mutter aller Zukunftsängste. Motiv seines *Wanderer*-Gemäldes ist also die ihn bewegende Frage, wie und wohin die Landschaft und die Welt sich verändern wird. Er malte sie nicht, wie sie existiert, sondern ihre insinuierende Betrachtung durch einen unbekannten Dritten, der später nur fälschlich als Wanderer bezeichnet wurde, aber tatsächlich eine zentrale Bedeutung für den als präzisesten Landschaftsmaler erkannten Romantiker haben musste.

Er malt es zu jener Zeit, in der andere in der Malerei und Poesie die Waldeinsamkeit angesichts ihres drohenden Verlusts entdeckten und sie zu romantisieren begannen. Friedrichs *Wanderer* ist ein kontradiktorisches Statement zur ansonsten erschallenden Hymne auf die Sehnsucht nach bedrohter Waldeinsamkeit. Es ist nicht ein wehmütiger Blick zurück, sondern einer auf die unsichere Zukunft. Die romantische Geburtshymne auf die Waldeinsamkeit findet sich erstmals 1797 in Ludwig Tiecks (1773–1853) Kunstmärchen *Der Blonde Eckbert.* Zahlreiche Poeten und Maler der Romantik griffen später

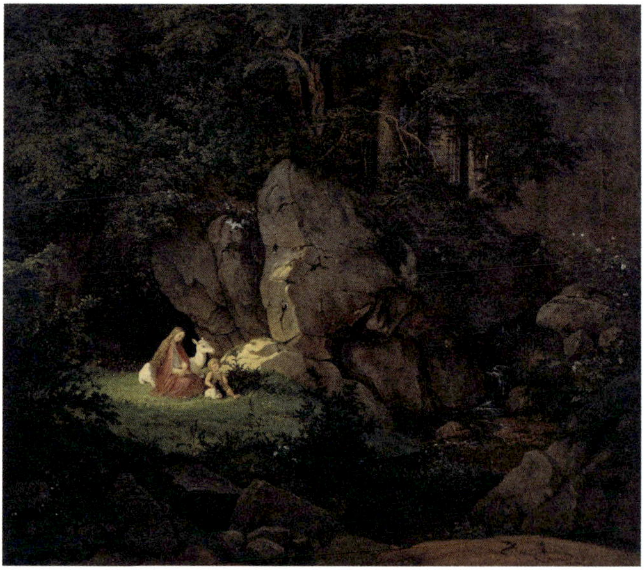

Ludwig Richter, Genoveva in der Waldeinsamkeit, Ausschnitt (1841)

dieses Thema auf und widmeten ihm eigene Werke mit stets ähnlicher Wehmutsrichtung: der Wald als Seelenheimat und Ruhepol des Menschen angesichts rascher Veränderungen. Es ist stets eine Manifestation der Verinnerlichung, von der sich Friedrich mit seinem in die Zukunft blickenden Wanderer deutlich absetzte.

Ludwig Tieck (1773–1853)

WALDEINSAMKEIT

Waldeinsamkeit,
Die mich erfreut,
So morgen wie heut
In ewger Zeit,
O wie mich freut
Waldeinsamkeit.
Waldeinsamkeit
Wie liegst du weit!
O Dir gereut
Einst mit der Zeit.
Ach einzge Freud
Waldeinsamkeit!
Waldeinsamkeit
Mich wieder freut,
Mir geschieht kein Leid,
Hier wohnt kein Neid
Von neuem mich freut
Waldeinsamkeit.

Die Romantik begründete damit das, was als typisch bezeichnet wird, unsere deutsche Waldliebe. Sie versetzt uns bei Befassung mit dem Wald – sei sie literarisch, bildnerisch, beim Waldspaziergang oder neuerdings beim Waldbaden – in eine merkwürdige seelische Befangenheit, ja in einen Gefühlsrausch – eine kollektive Realitätsvernebelung, wenn es um den Wald geht.

Störend ist die Bezeichnung des Bildes als *Wanderer über dem Nebelmeer*, eine gewillkürte Zuschreibung des Kunstmarktes der zweiten Hälfte des 20. Jahrhunderts nach seiner Wiederentdeckung im Jahr 1939, also 100 Jahre nach Friedrichs Tod. Es existieren von ihm keine Belege zum Bild aus seiner Lebenszeit, erst recht nicht zum Auftraggeber, zum Titel oder zur Entstehung; es ist nicht einmal signiert. Ganze 120 Jahre war es im Privatbesitz verborgen. 1939 war das Naziregime bekanntlich auf dem Höhepunkt seiner Macht, und Bergsteigen und Bergwandern galten als Ausweis »germanischer« Lebenstüchtigkeit und »arischer« Drahtigkeit. Friedrich wurde vom Regime als nationaler Maler deutscher Natur und Landschaft vereinnahmt. Man denke nur an den geplanten Export deutscher Landschaftskultur im Zuge von Himmlers sogenannten Generalplan Ost und der landschaftspflegerischen Begleitpläne zum Bau der Reichsautobahnen, deren beabsichtigte Harmonie und Anmutigkeit auch von Friedrich hätten ersonnen werden können. Sie wurden natürlich lobend mit seinen Gemälden verglichen. Welch eine Deutungsverdrehung angesichts der tiefen lutherischen Gottgläubigkeit, die er gerade in seinen Landschaften immer wieder zum Ausdruck brachte, nicht selten mit der Darstellung des Gekreuzigten.

Sein Blick ist meistens die Anfrage an das bedrohliche, unbekannte Neue, was da kommt, also wennschon, dann wohl eher das Gegenteil des NS-Versprechens einer kommenden germanischen Heilswelt. Der erste Auftritt seines Gemäldes in der Kunstwelt hätte also nicht treffsicherer arrangiert werden können von den Vorbesitzern angesichts dieser NS-Inbesitznahme. Sie waren sich bis dahin vermutlich kaum der romantischen Sonderstellung oder seines alsbaldigen Marktwertes bewusst. Man blieb bis auf den heutigen Tag als Vorbesitzer unbekannt im Hintergrund.

Auch nutzten sie für die erstmalige Präsentation einen fragwürdigen Kunsthändler namens Wilhelm August Luz, der sich erst zwei Jahre zuvor als Gutachter für geraubte jüdische Kunst engagieren ließ. Der frühestens dann gewählte Titel des Gemäldes passte gut in die »heroische« NS-Zeit, obgleich Bergsteigen wie auch Bergwandern zur Zeit Friedrichs nicht nur unüblich, sondern als Freizeitsport sogar als ungewöhnlich, ja als absonderlich gelten kann. Das Gemälde hing zunächst in den Galerieräumen des Händlers, der es spätestens 1943 an den Sammler Ernst Henke verkaufte. Wohl über Umwege geriet es schließlich in die Sammlung der Familie des Industriellen Rudolf August Oetker, die es 1950 in der Zeitschrift *Die Kunst und das schöne Heim* erstmals zur Veröffentlichung freigab. Auch sie verkannte die nationale Bedeutung des Gemäldes und gab es kurze Zeit später in die Hände des mit ihr befreundeten Bielefelder Kunsthändlers Paul Herzogenrath. Von dort kam es in die Hände eines anderen westfälischen Industriellen, Hugo Oberwelland in Halle/Westf. Dieser reichte es über die Stuttgarter Galerie Bühler 1970 an die Hamburger Kunsthalle weiter. Sie zahlte bereits beachtliche 600.000 D-Mark für ein unbekanntes Gemälde des noch wenig populären Malers und angesichts immer wiederauftauchender Zweifel an seiner Urheberschaft. Diese gelten heute als gesichert widerlegt. Erst mit dem Erwerb durch die Hamburger Kunsthalle beginnt sein einmaliger Siegeszug. Es wurde seitdem in zahlreichen Ausstellungen gefeiert und brachte es an die Spitze deutscher Kunstreproduktionen – vergleichbar nur mit den Gemälden *Hirsche im Hochland* von Edwin H. Landseer zur Zeit Queen Victorias im britischen oder Leonardos *Mona Lisa* im romanischen Kulturraum.

Offen blieb die Frage, um wen es sich bei der Rückenfigur handelt. Zwar setzte sich die Auffassung durch, es sei ein gewollt detailreiches und deswegen eine konkrete Person darstellendes Rückenporträt. Kunsthistorisch zweifelt man allerdings die Angaben des unbekannten Vorbesitzers an, in dessen Familienbesitz es 120 Jahre lang verborgen war. Dieser gab 1939 wohl gegenüber Wilhelm August Luz an, es handele sich um einen sächsischen Forstmann namens Julius von den Brinken, den es nachweislich in sächsischen Diensten aber nie gegeben hat. Deswegen wurde dieser Hinweis *ad acta* gelegt, zuletzt in der Friedrich-Biografie von Florian Illies 2023. Tatsächlich existierte aber ein bekannter braunschweigischer Forstmann gleichen Namens, Karl Albrecht Friedrich Julius von den Brinken (1769–1846), ein Zeitgenosse C.D. Friedrichs von durchaus forstgeschichtlicher Bedeutung. Er wurde in der als liberal angesehenen Aufbruchphase Polens nach dem Wiener Kongress und bis zum Beginn der systematischen Russifizierung ab 1830 zum polnischen Generalforstmeister im Range eines Generals mit Sitz in Warschau berufen. Sollte also Friedrich dessen Rückenporträt gemalt haben, ohne dass er ihm zuvor jemals persönlich begegnete? Er malte schließlich auch das Eismeer oder den Watzmann, ohne sie jemals gesehen zu haben. Entscheidend für ihn war stets sein im Kopf entworfener Konstruktionsplan. Die verschwommene Landschaft mit dem böhmischen Kegelberg im Hintergrund wie auch dem überhöhten Zirkelstein und dem erfundenen Gipfel sind Hinweise im selben Bild für diese konstruktive Imagination.

Wir wissen nicht, ob er Julius von den Brinken nicht doch einmal begegnet ist. Aber warum eigentlich nicht? Sachsen und Polen hatten ja historisch enge Verbindungen und liegen nicht weit voneinander entfernt. Und Tharandt war das nahe bei Dresden gelegene und 1811 begründete, soeben erst forstwissenschaftlich erwachende europäische Zentrum der forstlichen Taxation. Forsttaxatoren waren diejenigen höheren Forstleute an der Schwelle zur Waldbauzeit, der später so genannten *»rationellen Forstwirtschaft«* zwischen 1780 und 1830, die die jährlichen Kahlhiebe zu planen hatten. Sie waren die Protagonisten der forstlichen Aufklärung mit mathematisch-geometrischem Handwerkszeug, den sogenannten Fachwerken. Mit ihnen ermöglichten sie einem Waldbesitzer, meistens ein adliger oder landesherrlicher Besitzer, feste jährliche Nutzungsraten einzuschlagen. Den dazu in gleich große Hiebsflächen, in sogenannte Zeitfächer, eingeteilten Plan bezeichnete man als Flächenfachwerk. Bei einem planmäßigen

Umtrieb von 120 Jahren entsprach das vier Zeitfächern zu je 30 Jahren oder einem 120-stel eines Waldbesitzes, das jeweils für den Jahresabtrieb freigegeben wurde. Das entsprach im hier gewählten Beispiel vier Menschengenerationen. Ein Taxator beplante also einen Wald für die Urenkelgeneration. Das war indessen nichts anderes als ein naheliegender Einstieg in die Nachhaltigkeit der Holznutzung und -erzeugung – also eine degressive Abzinsung des stehenden Holzkapitals auf den Wert Null in weiter Zukunft der Urenkelgeneration. Prognosen dieses Zeitmaßes entziehen sich aber nach wie vor jeglicher ökonomischer, sozialer wie ökologischer Aussagekraft, liegen also im Nebel der Zukunft. Freilich wurde immer vorausgesetzt, dass es durch Anpflanzung später irgendwie mit der Holzerzeugung im Wald weitergeht. Sicher sein konnte man sich indessen, damals wie heute, allerdings nicht. Als später verfeinertes *Massen*fachwerk hielt es sich wegen seiner leicht kontrollierbaren Wirksamkeit durch das ganze 19. Jahrhundert hindurch als gängige Methode der Forstplanung. Diese Fachwerke schufen grundsätzlich und systematisch »Ordnung« im Wald und galten als Grundlage jeder aufgeklärten, nämlich rationellen Forstwirtschaft, in deren Folge allerdings vor allem Kiefern und Fichten die von Natur aus vorherrschenden Laubwaldungen ablösten. Die kulturellen Begleitphänomene waren landesweit eine sofort sichtbare, wachsende Eintönigkeit, Gleichaltrigkeit, Bodenverarmung, Austrocknung, Baumartenarmut und Nadelholzverbreitung. Und nicht zuletzt war es der Kahlschlag als vorherrschende Nutzungsmethode mit seiner nach 1860 allmählichen und dann immer rascher zunehmenden Katastrophenanfälligkeit. Erst dadurch entstand eine neue, unverzichtbare Wissenschaftsdisziplin, der Forstschutz, der rasch an zentraler Bedeutung gewann.

Der Sachse Heinrich Cotta (1762–1844), der mit Georg Ludwig Hartig (1764–1837) zusammen den Weltruf deutscher Forstwissenschaft im 19. Jahrhundert begründete, schrieb zeitgleich zur Entstehung von Friedrichs Gemälde 1816 das erste umfassende Waldbaulehrbuch der Forstwissenschaft, auf das sich die nachfolgende Fachliteratur des gesamten 19. Jahrhunderts beziehen sollte. Es markierte das Ende der vorher als *Hausväter*literatur genannten Periode forstlichen Schrifttums. Sie entstammte bis dahin der Feder der sogenannten *Hausväter,* als die die gutsherrlichen, agrarischen Betriebsleiter bezeichnet wurden. Fragen der Waldkultur wurden von ihnen forstlich unsystematisch und nur als Aspekt der Gutswirtschaft behandelt. Sie schufen gleichwohl schriftliche Resultate ihrer rein praktischen Erfahrung mit der Holzerzeugung, die sich erst mit der forstlichen Aufklärung in eine ideologisch durchdachte, systematische Holzproduktion verwandelte. Die Kopfgeburt des Altersklassenwaldes war vollzogen. Cottas weltberühmtes Werk baute auf dem Flächenfachwerk auf. In seinem Vorwort schrieb er den bis heute gültigen Satz: *»Wir haben eine Forstwissenschaft, weil es uns am Holze fehlt.«* Niemand anderes als er begründete zunächst in Thüringen eine Forstlehranstalt, aus der dann unter seiner Führung 1811 die erste Forsthochschule der Welt in Tharandt nahe Dresden hervorging, also der Ort von Friedrichs Schaffen. Sie wurde das ganze 19. Jahrhundert hindurch zum Zentrum der wissenschaftlichen Bearbeitung der rationellen Forstwirtschaft auf Grundlage dieser Flächenfachwerke. Sie bildeten die Wiege und Basis der forstlichen Nachhaltigkeit, der vermeintlich rationellen Forstwirtschaft im Altersklassenwald. Die damit gezielt angegangene, sehr rasche Verfichtung der meisten deutschen Mittelgebirge brachte es später sogar zu einem eigenen forstlichen Fachbegriff, der sogenannten *sächsischen Bestandswirtschaft*.

Über das forstliche Wirken von Julius von den Brinken gibt es nur wenige Quellen. Er war zur Zeit Napoleons ein aufstrebender Forsttaxator im Dienst des Königreichs Westphalen unter der Regentschaft Jérôme Bonapartes, des jüngsten Bruder Napoleons. Entsprechend war er ein typischer Vertreter einer sich mathematisch-geometrisch begründenden Forstnutzung. Er wurde nach dem Zusammenbruch des Königreichs Westphalen wieder ein freier Forsttaxator, gegen den Vorwürfe der Kollaboration mit Frankreich erhoben wurden. Als braunschweigischer »Ausländer« durfte er auch nicht in den preußischen Dienst wechseln, obwohl Westfalen mit dem Wiener Kongress preußisch wurde. Er unterstützte darum zunächst seinen Vater in braunschweigischen Diensten als faktischer Leiter der dortigen Taxationskommission bei der Erstellung des *»Forstabtreibungs- und Kulturplans für die blankenburgischen oberen Forsten«*. Er entwarf die Richtlinien für die braunschweigischen Forsten, die fortan die Nutzungen des Waldes streng schematisch regelten. Seine rigide wie auch herrische Art der Durchsetzung straffer Reglements machten ihn einerseits unbeliebt, führten aber auch zu seiner Berufung zum Generalforstmeister des russischen Teils Polens, um die dortige Taxation und Reorganisation der Forste in Angriff zu nehmen. Bei Ausbruch der dortigen Aufstände um 1830 musste er sich, gefährdet wegen seiner Unbeliebtheit, nach Deutschland zurückziehen, obgleich er am Petersburger Hof weiter angesehen war und sogar hoch dekoriert wurde. Seine Zwangspensionierung war gleichwohl um des lieben Friedens willen unvermeidbar, und man beschäftigte ihn danach im Inneren Russlands, wo er unter anderem eine Schrift verfasste, die schon im Titel für sich selbst spricht: *Ansichten über die Bewaldung der Steppen des europäischen Russlands, mit einer allgemeinen Beziehung auf eine rationelle Begründung des Staatswaldwesens*. Eine Kostprobe daraus verdeutlicht seine schematische Ausrichtung zur künstlichen Bewaldung natürlicher, kontinentaler Steppen zum Zweck der Holzerzeugung: »Durch die Bearbeitung einer solchen Instruktion wird die Bezeichnung der neuen Staatswälder in den Steppen ein fast mechanisches Geschäft, und der Entwurf des Bewaldungs-Planes ist fast allein auf waldwirthschaftliche Kenntnisse (Anm.: also die des Flächenfachwerks) zurückgeführt.«

Es gibt wohl keine Periode in der deutschen Waldgeschichte, in der sich das gewohnte und in Resten noch natürliche und ungeordnete wie auch ästhetische, wenn auch häufig lichte und lückige Waldbild derart tiefgreifend veränderte wie als Folge dieser *forstlichen Aufklärung* in nur wenigen Jahrzehnten um 1800. Nicht zufällig hieß die Baumart im Volksmund, mit der sich das am einfachsten bewerkstelligen ließ, im von Mittelgebirgen geprägten Westen Deutschlands *Napoleon-Fichte*. In rasender Geschwindigkeit verschwand gerade das Waldbild, das die Dichter und Maler der Zeit just zu romantisieren begannen. Julius von den Brinken war einer der vielen Forstmänner jener Zeit, deren prägende Vertreter wir heute als forstliche Klassiker bezeichnen, an erster Stelle Hartig und Cotta. Sie sind indessen aus heutiger Sicht die konkret Verantwortlichen »vom grünen Tisch«, die die dadurch ausbrechende Fichten- und Kiefernmanie in Zentraleuropa letztendlich auslösten – aber damit gleichzeitig die Holzerzeugung für fast 200 Jahre auf nachhaltige Weise effizient organisierten. Aus dem Blickwinkel späterer Zeiten ermöglichte das die lebenswichtige Nutzholzversorgung insbesondere nach den zahlreichen Kriegen des 20. Jahrhunderts, war also über 150 Jahre eine volkswirtschaftliche Großtat von historischem Ausmaß. Ein Erfolg, der sich in Zeiten des Klimawandels erst jetzt politisch als waldökologische Erblast einer ideologischen Kopfgeburt herausstellt: nämlich das Unterfangen, mit dem labilen und krisenanfälligen Altersklassenwald aus meistens nur einer Baumart gleichen Alters Holz erzeugen zu wollen. Sie machten aus dem einst romantischen Wald das, was 100 Jahre später ein anderer berühmter Forstmann, der Eberswalder Professor Alfred Möller (1860–1922), treffend als *Holzacker* bezeichnete.

Achim von Arnim, ein Romantiker, klagte 1806 in seiner Liedersammlung *Des Knaben Wunderhorn*: »O mein Gott, wo sind die alten Bäume, unter denen wir gestern noch ruhten, die uralten Zeichen fester Grenzen, was ist damit geschehen, was geschieht?« Die Romantiker, auch Caspar David Friedrich, malten sie und setzten ihnen damit Denkmäler. Die populäre Hymne auf die Sehnsucht nach der Waldeinsamkeit wurde zum Wehklagen der romantischen Poesie. In den drei alten, ge-

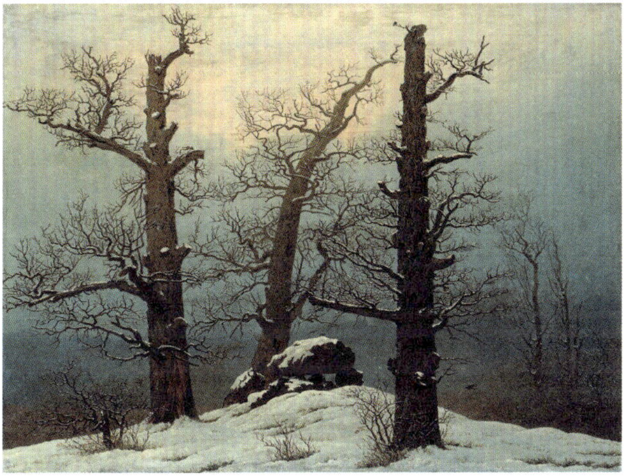

Caspar David Friedrich, Hünengrab im Schnee (um 1807)

stutzten Eichen in seinem Gemälde *Hünengrab im Schnee* verschlüsselte Friedrich um 1807 zugleich seine Kritik an der napoleonischen Aufklärung.

Die Eichen stehen um das Hünengrab, das Relikt heroischer, germanischer Vorzeiten, in düsterer Winterstimmung wie eine Trauergemeinde herum; die Natur ist unter einer dicken Schnee- und Eisdecke – eine Metapher für die napoleonische Fremdherrschaft – erstarrt. Sie steht gleichzeitig für das Menetekel der »neuen« napoleonischen Zeit, der Aufklärung, die Friedrich ablehnte und befürchtete. Die drei Alteichen repräsentieren die uneinigen deutschen Fürstentümer, die sich bereits mehrheitlich entwipfelt – ja *enthauptet* – zeigen. Der zum Ende des 18. Jahrhunderts erwachende Traum der Romantiker von einer deutschen Einheit ist einer kalten, düsteren Hoffnungslosigkeit gewichen. Mit Napoleon zerplatzte gewissermaßen das romantische Hoffnungsnarrativ eines geeinten deutschen Sprach- und Kulturraums.

Kann es nicht also genau so sein, dass Caspar David Friedrich mit seiner Rückenfigur einen Forstmann malte, der in die Zukunft des anbrechenden Tages über eine im Nebel kaum erkennbar mit Kiefern bewaldete Landschaft hinweg schaut – und keine Vorstellung davon zu haben scheint, was die forstliche Aufklärung für die Landschaft der Zukunft letztendlich bedeuten wird? Als forstliche Taxatoren hatten sie Entscheidungen zu treffen, deren Folgen niemand vier Generationen im Voraus vorhersehen, nicht einmal erahnen konnte. Ebendieser Tatsache waren sie sich kaum bewusst, sie trafen sie trotzdem, nämlich im *Nebel* der Zukunft. Nicht zuletzt die dunkelgrüne Kleidung des *Wanderers* spricht für einen höheren Forstmann der Zeit, noch war keine einheitliche Forstuniform üblich. Man trug entweder militärische Uniformen aufgrund der beruflichen Herkunft der höheren Forstmänner aus dem Militärdienst, der sogenannten Jägerkürassiere, oder aber im Wald schlichte, meistens knielange und taillierte grüne Gehröcke, die insbesondere von hinten ein städtisches Erscheinungsbild erzeugten. Verzierungen jeglicher Art wie zum Beispiel Kordeln oder goldene Knöpfe zeigten sie nur auf der hier dem Betrachter verborgenen Vorderseite und der Weste.

Intuitiv stellt Friedrich mit dem nachträglich und fälschlich als *Wanderer über dem Nebelmeer* titulierten Gemälde die Unsicherheit der Zukunft dar, in die alle blicken, und insbesondere jeder Forstmann. Er malte die Grundherausforderung jeder Form von Holzerzeugung im Wald und stellte sie auf den Prüfstand ihrer Zukunftsfähigkeit in ungewisser Zukunft. Friedrich stellt deswegen die bereits oben formulierte Frage: Was sieht der *Wanderer*, was der Betrachter hinter dem Forstmann nicht sehen kann? Nichts, ist wiederum die Antwort! Das bezeichnet bildnerisch präzise das häufig beschworene, vielfach missachtete forstliche Berufsethos an sich, dass nämlich der Forstmann sät, was frühestens seine Enkel und Urenkel ernten können – vorausgesetzt, es geht gut. Sehen und wissen kann er es nicht. Daran hat sich bis zum heutigen Tag nichts geändert. Es ist die zentrale und zeitlose Herausforderung des Forstberufs, den es indessen nur gibt, weil die Gesellschaft das Holz aus dem Wald für lebensnotwendig erachtet. Und das gilt heute mehr noch als zur Zeit Cottas. Wir interpretieren richtig: Friedrich malte die zentrale forstliche Verantwortung für die Zukunft der Waldlandschaft – auch angesichts der objektiv notwendigen Holzversorgung für eine humane Klimazukunft heute.

Eben darum heißt dieses Buch WALDENDZEIT und trägt das Titelbild des Wanderers über dem Nebelmeer. Friedrich war der aufmerksamste Beobachter dieser Veränderungen, wie kein Maler vor und nach ihm. Dieses Buch enthält darum eine Reihe seiner Gemälde, die diese These begründen und eine neue Sicht auf ihn eröffnen. Es ist der Versuch, mithilfe der Forst- und Landschaftsgeschichte und mit den Augen eines Forstmanns ausgewählte Waldmalerei, insbesondere seit der Romantik, neu zu interpretieren. Unser heutiger Wald ist keine Natur im eigentlichen Sinne, sondern das forstgeschichtliche Ergebnis von geologischem Zufall und kultureller

Notwendigkeit. Und Caspar David Friedrich war der bildnerische Zeitzeuge einer extremen Landschaftsveränderung an der Schwelle zur Waldbauzeit, die unseren heutigen Handlungsraum begrenzt, aber eben auch Chancen enthält.

Dieser Aspekt von Friedrichs Malerei wurde bis heute nirgends gesehen und von der Kunsttheorie nicht diskutiert. Sie erkennt zwar die merkwürdige Häufung von immergrünen Nadelhölzern auf seinen Bildern, deutet sie aber als Hoffnungssymbol, so wie die in den Himmel weisenden Spitzen der Nadelbäume als Gottesverweis. Sie überprüft nicht einmal, ob die von ihm selbst als Tannen bezeichneten Bäume tatsächlich auch Tannen sind. Sie sind es in der Mehrzahl nämlich nicht, sondern es handelt sich fast ausschließlich um Fichten. Friedrich versuchte zwar bereits ab 1798, die feinen botanischen Unterschiede beider Nadelbäume zeichnerisch zu differenzieren. Er malte aber tatsächlich meistens nur Fichten in Mittelgebirgen, in denen sie jedoch erst zu seinen Lebzeiten Verbreitung durch die forstliche Variante der Aufklärung fanden, die Tannen aber zuvor längst exploitiert worden waren. Die Leserinnen und Leser dieses Buches werden zahlreiche weitere Beispiele für Friedrichs besondere, forstfachlich regelrecht entlarvende Sicht auf die Waldlandschaft kennenlernen, die diese neue Zuschreibung der Person des *Wanderers* festigen. Nichts, was Bäume und Wald in Friedrichs Gemälden angeht, überlässt er dem Zufall. Er darf unter allen romantischen Malern als der konsequenteste wie auch subtilste Gegner der »kalten« Errungenschaften der sogenannten forstlichen Aufklärung verstanden werden. Er ist gleichzeitig der romantische

Maler, der mit seinen im Kopf konstruierten Objektkompositionen rein gar nichts dem Zufall überließ. Er stellte mit dem *Wanderer* punktgenau an der Schwelle zur Waldbauzeit intuitiv die Frage, wohin die Errungenschaften der rationellen Forstwirtschaft und ihre Veränderungen in der Landschaft dereinst führen werden – die Antwort ist: in eine Waldendzeit.

Waldzukunft ist möglich!

Geht es um die Waldzukunft, ist dieser Gründungsakt der forstlichen Holzerzeugung zu überdenken – nicht etwa, um auf sie zu verzichten, sondern um sie sogar für eine humane Klimazukunft zu intensivieren. Es geht um qualitativ besseres Holz aus naturnahen, stabilen und resilienten Dauermischwäldern und nicht aus maschinengerechten Industrieholzwäldern. Deren Holz wird inzwischen zu mehr als 50 % als industriell aufbereiteter Brennstoff schon bald nach der Waldernte wieder in die Luft geblasen, was dringend abzulehnen ist.

Die in der Romantik wurzelnde deutsche Waldliebe ist eine gesellschaftliche Hypothek, wenn es um die waldökologische Zukunft unserer Wirtschaftswälder geht – also anders, als man uns mit Baumgeheimnissen jeglicher Art glauben machen will. Sie *vernebeln* unseren Blick auf die Notwendigkeit der Holzerzeugung. Die Herausforderung unserer Zeit ist allein die Art und Weise, mit der wir forstlich den Wald zur Holzerzeugung nutzen, und nicht etwa die, ob wir ihn weniger oder überhaupt nicht mehr nutzen sollten. Holz ist der mit Abstand bedeutendste inländisch nachwachsende Rohstoff, den wir haben. Er ist nicht zufällig auch der globale Biosphärenrohstoff schlechthin, ohne den es keine Nachhaltigkeit der Weltgesellschaft auf einer *»vollen Erde«*, so der Club of Rome, geben wird. Holz ist der zentrale Roh- und Baustoff, aus dem unsere humane Klimazukunft gebaut wird. Man denke nur an den Holzbau als dringend erforderliche Alternative zum Beton-, Glas-, Stahl- oder Steinbau. Schon heute verbraucht jeder Bundesbürger annähernd eineinhalb Kubikmeter Holz, das ist rund eine Tonne jährlich. Nicht nur, weil wir es etwa nur verschwenden, sondern weil es als vielfältigster Rohstoff eine nahezu rückstandsfreie Verwendbarkeit ermöglicht. Holz lässt sich in Kaskaden mehrfach nutzen sowie bei richtiger Verarbeitung ohne chemischen Schutz am Ende seiner Nutzungskaskade problemlos und erst dann verantwortbar zur Energieerzeugung entsorgen. Und die zurückbleibende Asche ist schlussendlich sogar ein hervorragender Dünger, wenn wir zuvor alles richtig gemacht haben. Das ist kulturgeschichtlich der wahre Grund, warum wir in Zentraleuropa mit seinen ausgezeichneten natürlichen Wuchsbedingungen für Wälder keine Naturwälder mehr haben, sondern ausschließlich Wirtschaftswälder, und das flächendeckend schon seit etwa 250 Jahren. Das ist Erblast und Chance zugleich. Ein Zurück zum Naturwald gibt es schon aus diesem Grund nicht, denn sobald ich einen Wald nur in geringem Umfang von lediglich 10 bis 20 % seines Jahreszuwachses nutze, wird schon ein stark kulturell verformter Nutzwald daraus. Die Frage kann also nicht lauten: Naturwald oder Nutzwald?, sondern: Nutzwald – aber wie?

So richtig es ist, für den Schutz der Biodiversität auch in Zentraleuropa einen politisch auszuhandelnden, aber eher kleinen Teil der Wälder als Waldgroßschutzgebiete sich selbst, also der natürlichen Entwicklung, zu überlassen, ist die zentrale Herausforderung eine andere. Nämlich eine biologisch nachhaltige Holzerzeugung in den weltweit vorherrschenden Wirtschaftswäldern anzustreben und es in Deutschland, dem Geburtsland der Forstwirtschaft, vorzumachen. Auch in Zukunft werden darum mindestens 95% aller Wälder bei uns Wirtschaftswälder bleiben müssen. Dazu hilft uns die deutsche Waldliebe nicht weiter, sondern nur unsere Kognition, der Politik den biologisch nachhaltigen Weg zu weisen.

Der vor 50 Jahren populäre Fernsehjournalist Horst Stern formulierte aus Anlass des Waldsterbens Mitte der 70er-Jahre sarkastisch, man rette den Wald ja nicht, indem man unter dem Lichterbaum *O Tannenbaum* singe. Er meinte damit unsere romantische Erblast, mit der nicht selten die Medien unsere deutsche Waldseele zu tätscheln versuchen. Beim Thema Wald sind wir deswegen kaum von nüchterner Kognition geleitet, sondern lassen uns von einem unspezifischen Waldfeeling verführen. Anders, als uns die falschen Propheten und ihre wissenschaftlichen Protagonisten weismachen wollen, hilft uns dabei weniger die Liebe zum Wald, sondern vielmehr eine nüchterne und kluge Reform der Holzerzeugung. Also ein klarer Kopf, wie das geht, und keine Geheimnissucherei. Die Frage lautet: Wie können wir mithilfe des Waldes das unvergleichlich nützliche Holz erzeugen, das uns eine humane Klimazukunft erst eröffnet? Wie können wir gleichzeitig die waldgebundene Biodiversität erhalten, die biologische Produktionskraft der Böden schützen und wiederaufbauen, sogar die versiegenden Quellen wieder zum Sprudeln bringen und alle anderen Gemeinwohlleistungen optimal für die Zukunftsgesellschaft erfüllen? Kurzum, es geht um die *biologische* Nachhaltigkeit unserer Kulturwälder im Zuge der notwendigen Holzerzeugung.

So lobenswert wie sympathisch unsere Waldliebe ist, sie *vernebelt* unseren Blick auf die Waldzukunft, so wie sie dem *Wanderer* in Friedrichs Gemälde verhüllt ist. Häufig wird nicht einmal gewusst, was einen Wald biologisch und ökologisch ausmacht. Für die meisten von uns handelt es sich bereits dann um einen Wald, wenn mehr als 20 oder 30 Bäume dicht genug beieinanderstehen, auf annähernd 95 % unserer Waldfläche, mit nur ein oder zwei Baumarten. Wir haben Schwierigkeiten, diesen sogenannten Wald als das wahrzunehmen, was er ist, nämlich ein naturarmer »Altersklassenforst«, vergleichbar einer nach Alter sortierten Schulklasse. Er dient zwar der Holzerzeugung, aber auf die denkbar einfachste Weise, nämlich als einschichtiger Buchenhallenwald, als sogenannter *Buchendom,* als marschierender Fichtenwald in Reih und Glied oder als *Kiefern-Trockensteppe* der Langeweile. Und das alles, obwohl es seit 100 Jahren eine bewährte Alternative dazu gibt, Holz effizient und naturreich zu erzeugen, ohne dass der Wald zusammenbricht, verbrennt, vertrocknet oder von Schädlingen aufgefressen wird.

Die Holzerzeugung im Wald aus seinem systemischen Zusammenhang heraus zu entwickeln und zu organisieren ist die wahre Herausforderung, wenn wir nicht die bestehenden Forste in ihrer Gesamtheit in ungewisser Klimazukunft riskieren wollen. Erst danach sollten wir uns Gedanken darüber machen, ob man stabile Wälder künstlich durch Pflanzung wiederaufbauen kann. Der Pflanzakt wurde nicht zuletzt mit dem Zweiten Weltkrieg zur vermeintlichen Wohltat von Politik und Gesellschaft, jährlich gefeiert am Tag des Baumes und des Waldes. Doch eine bittere Erkenntnis verdrängen wir damit: Man kann weder Mischwälder mit vielen Baumarten noch überhaupt stabile, stets gleich alte Wälder anpflanzen, die auch nur im Geringsten mit dem natürlich angesamten, stets ungleichaltrigen Wald mithalten können. Was wir bisher angepflanzt haben, waren Forste und eben keine Wälder. Lernen wir doch zunächst einmal, dass wir Wälder, die diesen Namen verdienen, nicht in Reih und Glied anpflanzen können!

Es war Alfred Möller, der sich schon 1920–1922 die weltweit einzige Methode ausdachte, mit der man *biologisch nachhaltig* und sehr rentabel Nutzholz in sogar größeren Mengen und stabileren Wäldern produzieren kann als heute. Er forderte einen *Dauerwald* oder *Dauermischwald* und traf begrifflich damit ins Schwarze. Mit der Sprache der Lebensreformbewegung meinte er damit die Stetigkeit und Harmonie sowie die dauerhafte Nutzung des kontinuierlich zuwachsenden Waldes. Er schrieb: *»Das Holz muss geerntet werden als Frucht des Waldes, der Wald aber muss bleiben«,* und meinte mit den Worten der Systemwissenschaft das *Kontinuum aus Raum und Zeit* eines jeden Waldes. Denn nur die Kontinuität einer ununterbrochenen – potenziell ewigen – Waldbestockung auf ein und demselben Waldstandort erzeugt seine Fähigkeit zu dynamischer

Stabilität und Resilienz. Letzteres ist das wichtigste und heute überall fehlende Element, damit sich die Wälder dem Klimawandel in der Zukunft anpassen können. Wälder optimieren für sich selbst ihren Standort mithilfe ihres Kontinuums aus Raum und Zeit. Sie vertiefen kontinuierlich ihr Lebensnetzwerk vor allem im Boden, das durch einen einzigen Kahlschlag vernichtet wird; dies ist am ehesten mit dem Absturz oder der Löschung einer Computerfestplatte zu vergleichen. Und nur diese kontinuierliche geschlechtliche Vermehrung an Ort und Stelle sichert langfristig die genetische Anpassung an das sich verändernde Klima.

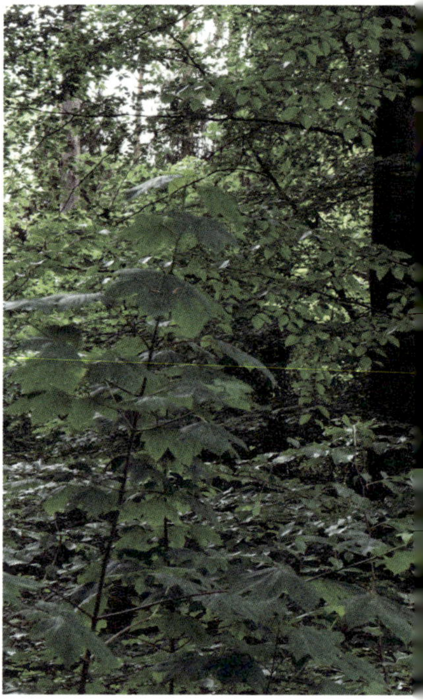

Blick in einen Dauermischwald

Aus diesem Grund ist die flächige Nutzung eines Waldes, selbst die Räumung eines abgestorbenen, ein GAU, der Größte Anzunehmende Unfall, jeder Waldökologie. Das gilt selbst für Forste aus falschen Baumarten, wie es so viele in Deutschland gibt. Jede Kahllegung einer Teilfläche, die auf der Schlagfläche Freilandklima erzeugt, ist ein Kahlschlag und hat konsequent zu unterbleiben. Da es in Deutschland immer einer gesetzlich festgeschriebenen Definition bedarf, hieße das in einem guten Waldgesetz darum apodiktisch: *»Kahlflächen sind untersagt! Jede*

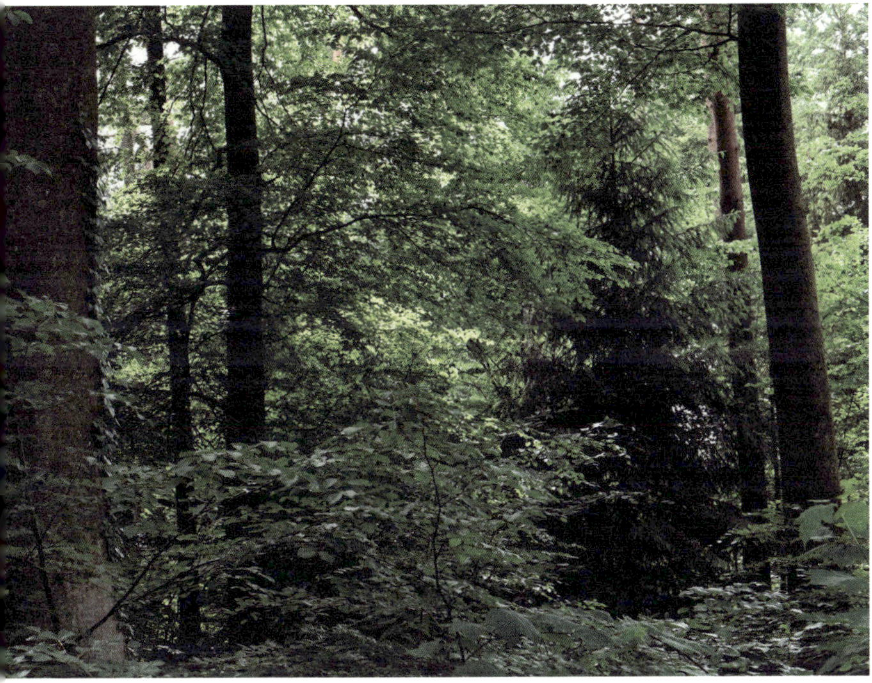

© Rainer Kant

Freilegung einer Waldfläche, die in der Diagonale größer ist als der umgebende Waldbestand hoch, gilt als Kahlschlag im Sinne dieses Gesetzes.« Das ist die logische bioklimatische Konsequenz aus Alfred Möllers revolutionärer Dauerwaldidee.

Möller formulierte fünf waldbautechnische Teilziele, um das zentrale Kontinuum zu garantieren und sich vom klassischen Holzanbau-Prinzip abzuwenden; es sind zunächst zwei waldökologische:

- Gleichgewichtszustand, d.h. Stetigkeit und Harmonie aller dem Wald eigentümlichen Glieder,

- Gesundheit und Tätigkeit des Bodens

sowie zwei intermediäre, das heißt ökologische wie gleichzeitig ökonomische Teilziele:

- Mischbestockung,
- Ungleichaltrigkeit,

und schließlich ein ökonomisches Teilziel, das ausschließlich dem Zweck einer dauerhaften Holzerzeugung geschuldet ist:

- einen überall genügenden Holzvorrat zur unmittelbaren Holzwerterzeugung.

Waldbautechnische Teilziele werden sie genannt, weil sie das waldbetriebliche Oberziel, die Holzerzeugung, nicht auf direktem Weg, durch künstlichen Holzanbau, sondern nur mittelbar, nämlich systemisch über ein gesundes Waldökosystem, anstreben. Gemeint ist damit die jedem Wald typische Selbstoptimierung der natürlichen Produktionskräfte und ihr sogenanntes Waldbinnenklima. Die Systemwissenschaft spricht insofern von einem biokybernetischen System, in dem der Waldbauer das Holzertragsziel durch ein sich allmählich wieder regenerierendes Kulturökosystem aus sich selbst heraus anstrebt. Er steuert gewissermaßen das Schiff durch ein unbekanntes Gewässer im Nebel der Zukunft, vergleichbar einem geübten Steuermann (griech.: kyberniteke = Steuermann), indem er das Schiff manövrierfähig und gut bevorratet hält sowie streng auf die Gesundheit und Fitness seiner Mannschaft achtet. Steuerungsziel ist dabei nicht der Naturwald, sondern ein artenreicher und vor allem immer stärker gemischter Kulturwald, der alle Stabilitätseigenschaften eines Waldes in der Optimalphase des höchsten Wertzuwachses imitiert und dauernd beizubehalten versucht.

Indem die einzelstammweise Nutzung stets den schlechteren Stamm entnimmt, konzentriert sich der Waldzuwachs allmählich auf die guten Stammqualitäten. Das Ergebnis ist ein hochproduktiver Wald, der sich nie erschöpft, weil seine sich verbessernden Bodenzustände bei angepassten Wildbeständen sich kontinuierlich natürlich ansamen und junge Bäume nachwachsen lassen. Dauerwälder werden zwangsläufig immer aus Altersklassenwäldern überführt, indem man sie von innen her durch natürliche Ansamung neu aufzubauen beginnt, notfalls mithilfe von Anreicherungspflanzungen mit den Baumarten, die verschwunden sind oder denen man eine Zukunft trotz trocken-warmer Sommer voraussagen kann. Diese Anreicherungsstrategie garantiert eine hohe »künstliche« Baumartenvielfalt, die keine biotischen Gefahren, zum Beispiel durch Borkenkäfer, mehr kennt. Es entsteht allmählich ein durchmischtes Waldgefüge mit einer Baumoberschicht, die sich stark in der Baumhöhe ausdifferenziert. Durch diese morphologische Alters-, Stärken- und Höhenmischung vieler Baumarten zeigt er sich resilient gegen abiotische Gefahren wie Sturmwurf, Feuer und Sommertrocknis. Das Geheimnis seines milden Waldbinnenklimas ist die stetige Windruhe und ein belaubter, mit Chlorophyll vollständig ausgefüllter Stamminnenraum, der seine Binnentemperaturen deutlich senkt und eine höhere Luftfeuchte im Inneren garantiert – und vieles mehr. Ein Dauermischwald kann hinsichtlich seiner dynamischen Stabilität sogar einen Naturwald noch deutlich übertreffen. Und er übertrifft ihn wie auch den Altersklassenwald, erst recht mit seinen erstaunlichen Wuchsleistungen, ohne anfällig zu werden gegen biotische und abiotische Risiken im extrem langen Leben seiner Bäume. Sie sind, um es banal auszudrücken, *strunz*gesund, jugendlich vital und wachsen in einem waldoptimalen Milieu – und sind eben deswegen zur Höchstleistung fähig.

Nicht zuletzt kommt es inzwischen vor allem auf die CO_2-Speicherfunktion eines Waldes an, bei der der Dauermischwald allen anderen waldbaulichen Betriebsformen weit überlegen ist. Sein wichtigster Vorteil hinsichtlich seiner Klimasenkenfunktion ist seine dynamische Stabilität, praktisch niemals zurück zur Kahlfläche zu führen, selbst wenn ihn ein Orkan trifft oder die Sommertrockenheit einigen Oberständen den Garaus machen sollte. Seine Mehrschichtstruktur versichert ihn gegen Entwaldung durch Kalamität und macht ihn sprichwörtlich kahlflächenresistent, denn im Schatten und Schutz seiner vormaligen Oberschicht warten stets die nachfolgenden Generationen.

Dauerwälder sind eine nationale Bringschuld, denn die Wälder der Erde verabschieden sich rund um den Globus, weswegen es nicht übertrieben ist, von einer globalen *Waldendzeit* zu sprechen. Die Gründe für das rasante Verschwinden der Wälder sind vielfältig. Es braucht für den informierten Leser keine weitere Schreckensschilderung, wenn man sich an die Nachrichten über Waldkatastrophen des letzten, vorletzten oder vorvorletzten Jahres etc. erinnert. Es verschwinden nicht nur die letzten Naturwälder wie zum Beispiel am Amazonas durch Raubbau, sondern gerade auch die global längst dominierenden Nutzwälder. Die Waldendzeit scheint rund um den Globus angebrochen zu sein. Wir können auf nationale Holzerzeugung schon deshalb nicht verzichten, weil wir es in Zukunft kaum noch aus anderen Ländern importieren könnten, selbst wenn wir es ethisch verantworten wollten, was aber schon heute unverantwortbar ist. Global trifft es vor allem den Wirtschaftswald – nicht zuletzt, weil wir ihn nach den Prinzipien bewirtschaften und wiederaufbauen, die uns die forstlichen Klassiker in Deutschland gelehrt haben. Der hier kritisierte Altersklassenwald wurde ab 1880 durch deutsche Forstleute zum weltweiten Exportschlager wie später nur das Automobil. Es ist nicht ausgemacht, was die Biosphäre dereinst mehr geschädigt haben wird, der Individualverkehr mit dem Auto oder der krisenanfällige Altersklassenwald zur Holzerzeugung. Beide sind historisch jedenfalls deutsche Innovationen. Wir tragen also eine forstgeschichtliche Verantwortung für die Biosphäre. Die Tragik liegt in der Doppelnatur dieser globalen Waldkrise: Einerseits brauchen wir biologisch und ökologisch stabile Wälder; andererseits brauchen wir ihr Nutzholz, um eine humane Klimazukunft zu organisieren.

Bäume bzw. Wälder tragen eine nur schwer erkennbare Vorgeschichte in sich. Bei ausgewachsenen Bäumen umfasst sie in der Regel das Vier- bis Sechsfache eines Menschenlebens, also außerhalb jeglicher Vorstellungskraft. Und selbst Fachleute können häufig nicht erkennen, was ein Baum erleben musste, wenn er mehr oder weniger kraftstrotzend vor ihnen steht. Um wie viel mehr gilt das für ganze Wälder, die ihren Ursprung nach Jahrhunderten extremer kultureller Verfremdung kaum mehr wiedererkennen lassen. Das gilt erst recht, wenn wir die Veränderungen im Boden einbeziehen, die durch unterschiedlichste Nutzungen tiefgreifend beeinflusst und verschlechtert wurden. Sie spiegeln mitunter irreversibel die Waldgeschichte seit der Jungsteinzeit wider, also seit der beginnenden Sesshaftigkeit unserer Kulturen. Wir wissen deswegen eines sicher: Ein Zurück zu den ursprünglichen, den sogenannten jungfräulichen Urwäldern gibt es nicht – selbst in noch so vielen Jahrhunderten eines selbstlosen Nutzungsverzichts. Und das gilt selbst dann, wenn wir wüssten, wie sie einst ausgesehen haben, was nicht der Fall ist. Wir müssen mit der tiefgreifend gestörten Realität unserer Kulturwälder leben und versuchen, sie kompatibel zu machen mit der ungewissen Klimazukunft. Das ist die wahre Herausforderung! Dabei hilft uns weniger unsere berühmte Waldliebe, sondern nur unsere Fähigkeit zur Kognition des richtigen forstlichen Umgangs mit unseren zutiefst gestörten Wirtschaftswäldern. Wir haben nur die eine Chance, das natürliche Produktionssystem des Waldes wiederzuentdecken, um es als Lehrmeister für die Holzerzeugung der Zukunft nutzen zu lernen. Eine humane Klimazukunft lässt uns keine andere realistische Chance mehr.

Es geht in diesem Buch darum, unsere forstliche Kognition zu schärfen, um als Bürger und Wähler mitentscheiden zu können, wie man zukunftsfähige, naturreiche Wirtschaftswälder aufbauen sowie gleichzeitig betörend schöne Kulturwälder vor unserer Haustür genießen kann. Den Weg weist allein der Dauermischwald. Schärfen Sie also in diesem Buch den Blick auf unsere Wirtschaftswälder. Fangen wir mit unserem von der Malerei geprägten Blick an, ihn mit anderen Augen sehen zu lernen. Lassen wir nicht länger zu, dass beim Thema Wald nur unsere Waldliebe getätschelt wird. Seien wir ehrlich mit uns selbst, denn wenn wir im Wald unsere Seele baumeln lassen, was nur jedem Leser beim Waldbaden zu empfehlen ist, dann hilft das zwar unserem Wohlgefühl, aber leider nicht dem Wald.

Im Klimawandel gilt mehr als schon bisher: Wald ist nicht alles, aber ohne Wald ist alles nichts. Unsere Wirtschaftsforste sollen heute das Holz erzeugen, das wir in der Zukunft dringend brauchen, was sie dann aber schon längst nicht mehr können, wenn wir die Forstwirtschaft nicht gründlich zu reformieren beginnen. Denn beides ist möglich: ein stabiler, klimaresilienter Wald, der uns seelisch berührt und alle denkbaren Gemeinwohlleistungen erzeugt, die wir uns nur wünschen können, sowie ein Dauermischwald, der mit biologischer Nachhaltigkeit deutlich mehr und wertvolleres Nutzholz erzeugen kann wie heute. Es geht also um Ihre und unsere Waldzukunft. Lernen wir **Günter Bruno Fuchs** *(Werke in drei Bänden, Bd. 2, München/ Wien 1992)* zu verstehen!

UNTERRICHT IM FREIEN

Begreifen
Sie doch, sagt der
Förster zum
Forstgehilfen, ein Wald
ist ein
Wald und keine
Zweigniederlassung!

Die deutsche Eiche – ein romantischer Selbstbetrug

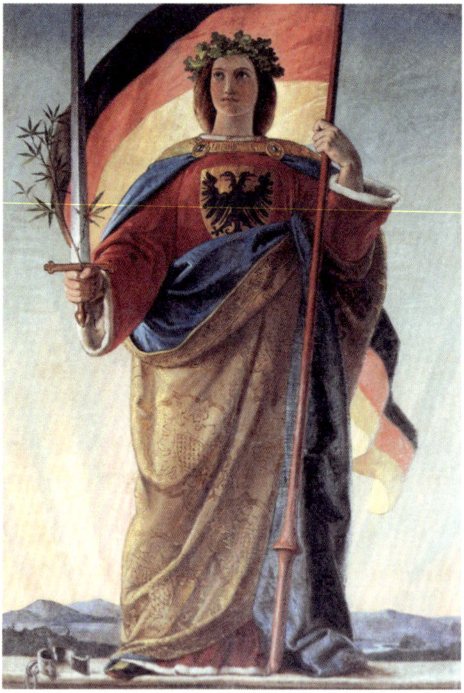

Philipp Veit, Germania (1848) © gemeinfrei

Am 12. April 2024, dem Tag, an dem der Autor mit Abfassung dieses Kapitels begann, war die Bundesumweltministerin Steffi Lemke eingeladen, die Beförderung der sogenannten Drillingseiche zum 31. Deutschen Nationalerbe-Baum mit einer Rede zu begleiten. Sie steht auf dem alten Friedhof von Markendorf, Ortsteil der Stadt Frankfurt/Oder, und wir haben noch einige solcher Naturerbe-Eichen in unserer inzwischen meistens baumfreien Agrarlandschaft. Sie sind seltene Landschaftsmarken in der ausgeräumten Agrarsteppe. Jede von ihnen und auch manche alte Baumallee erinnern uns stumm daran, dass unsere Bäume im Altersklassenwald weder alt noch mächtig werden dürfen, sondern meistens schon im zarten Alter von Jungerwachsenen genutzt werden. Die verehrten Methusalems sind meistens uralt, mächtig, vital und mitunter ziemlich skurril, so wie in Markendorf, aus drei am Stammfuß zusammengewachsenen Eichen eine Dreieinigkeit bildend. Wenn sie über 250 Jahre alt sind, was vorkommt, dann stammen sie vermutlich noch aus Resten ehemaliger Naturwälder und sind als lebendes Archiv genetischer Vielfalt ihrer Art von hoher Zukunftsbedeutung.

Als junge grüne Abgeordnete des Bundestages konnte der Autor die heutige Ministerin Anfang der 90er-Jahre gewinnen, ihren Einfluss auf die erste grüne Umweltministerin des Landes Sachsen-Anhalt auszuüben, den zur Privatisierung anstehenden Waldbesitz der vormaligen Besitzerfamilie der Freiherren von Kalitsch in Bärenthoren im Fläming/Sachsen-Anhalt durch einen Waldtausch des Landes mit der damaligen Bodenverwertungs- und -verwaltungs GmbH (BVVG) zu verhindern. Damit wurde diese Ikone der globalen Waldkulturgeschichte vor drohender Privatisierung geschützt und in Landeseigentum überführt, auch dank der heutigen Bundesministerin Steffi Lemke. Es war der erste Schritt der sich dem Dauerwald gegenüber konsequent taub und blind stellenden Landesforstverwaltung Sachsen-Anhalts, dem allerdings kein weiterer mehr folgen sollte. Dauerwälder halten den ineffizienten Staatsforstverwaltungen den Spiegel ihres Versagens vor. Die sachsen-anhaltinische kam wie ein Vater zum ungeliebten Kind und ließ es weiter vor sich hin dämmern. Tatsächlich ist es ein globales und historisches Kleinod, nämlich ein ungekröntes Welt*kultur*erbe und nicht etwa ein Welt*natur*erbe. Es ist der denkwürdige Ort, an dem das bislang einzige Modell einer biologisch nachhaltigen Holzerzeugung erstmalig in der

Praxis belegt wie auch wissenschaftlich beschrieben wurde. Es ist das durch Alfred Möller weltbekannt gewordene Kiefernrevier Bärenthoren, das zum Geburtsort, dem Spiritus Loci, der späteren Dauerwaldbewegung wurde; ein Ort, der aus historischer Sicht, wenn auch als einstiger Vorzeigedauerwald mit Kiefern inzwischen waldbaulich heruntergekommen, trotzdem die Hoffnung auf produktive und resiliente Kulturwälder in unsicherer Klimazukunft nährt.

Ministerin Steffi Lemke dürfte als Mitbegründerin der Grünen Partei der DDR im Jahr 1989 bewusst sein, welche Bedeutung die Eiche als Nationalsymbol der deutschen Demokratiegeschichte hat. Eichen sind seit der Romantik zum *heiligen Baum deutscher Nation* aufgestiegen, was sie natürlich botanisch nicht sind. Schon seit Jahrhunderten diente die Eiche, bzw. ihr Laubwerk, in zahlreichen Darstellungen insbesondere der Heraldik als Zeichen der Stärke und des Lebenswillens – und das europaweit, quasi staatenlos, keiner Nation angehörend. Der Gründungsort und -akt ihrer nationalen Verehrung war die Paulskirchen-Versammlung 1848. Über dem Rednerpult an der Stirnseite des ersten deutschen Plenarsaals prangte das vorstehende Monumentalgemälde der *Germania* (S. 48) – quasi als kollektive Ermahnung von einem unbekannten Künstlerkollektiv gefertigt. Erst beim zweiten Blick verrät es, dass sie die Eiche zum Nationalbaum erhebt, nämlich mit einem eichenen Siegerkranz auf ihrem Haupt und nicht wie seit der Antike üblich mit einem Lorbeerkranz. Die aus heutiger Bildsprache martialisch wirkende Heldin mit ihren entspannten, nach innen gerichteten Gesichtszügen war als friedliche Botschaft gemeint und unterscheidet sich deswegen von den sonst zum Kampf entschlossenen Denkmalhelden jener Zeit. Sie hält zwar ein Schwert wie ein demonstratives Stoppschild hoch, angsteinflößend wirkt die Geste jedoch nicht. Ihr Siegerkranz aus Eichenlaub steht für die vermeintliche Vereinigung der deutschen Stämme zum friedfertigen Nationalstaat, der zuvor seine feudalen Fesseln gewaltfrei gesprengt zu haben glaubte.

Sprechen wir von Eichen, meinen wir meistens die beiden häufigsten Eichenarten Mitteleuropas, nämlich die Stiel- und die Traubeneiche. Sie sind leicht daran zu unterscheiden, dass die eine ihre Eicheln überwiegend nur einzeln und gestielt und die andere sie in kleinen Trauben zusammengefasst ohne Stiel trägt. Die robustere Stieleiche, botanisch darum *Quercus robur* genannt, zeigt unter allen unseren hochwaldbildenden Baumarten die größte Arealverbreitung in Europa, nämlich von Schottland und Finnland bis nach Mittelitalien, von Spanien bis an den Ural. Wenn also dereinst ein *heiliger Baum europäischer Nation* gesucht werden sollte, dann ist die Stieleiche vermutlich der glaubwürdigste Anwärter darauf. Es verwundert deswegen kaum, wenn auch die Franzosen die *Französische Eiche*, die Dänen die *Dänische Eiche*, die Belgier die *Belgische Eiche* usw. sprachlich nationalisiert haben. Doch sie bleibt europäisch, denn alle sind vom selben Stamm, und ihre robuste Eigenart macht sie dazu.

Als besonders tief wurzelnder Solitärbaum, der lange Zeit vor sich hin zu wachsen und sogar im Alleinstand Wetterunbilden des Freilandes über Jahrhunderte zu widerstehen vermag, hat sie recht gute Chancen im Klimawandel. Durch eine sogenannte Sekundärkrone unterhalb des abgestorbenen Wipfels täuscht sie überzeugender als alle anderen Freiständer äußerlich ein individuelles Charakterprofil vor. Zwar zeigen alle alten Bäume ein phänotypisches Eigenprofil reifer Veteranen mit Verletzungen und Scharten ihres langen Lebenskampfes an, meistens aber nicht so charaktervoll und bizarr wie eben die Eichen.

Wir verdanken unter allen romantischen Malern zuvorderst Caspar David Friedrich, sie zur bildnerischen Allegorie der *gequälten* deutschen Kulturnation zu machen. In der *Abtei im Eichwald* hält sie als ihr Vertreter die Wacht an den Gräbern der Vorfahren im Schatten der Ruine einer einst stolzen gotischen Kathedrale nach dem Vorbild der Klosterruine Eldena nahe seinem Geburtsort Greifswald. Es ist eine romantische Momentaufnahme aus der dunkelsten Zeit napoleonischer Fremdherrschaft. In nebliger Düsternis lassen sich nur mühsam ein ausgehobenes Grab und eine Gruppe von Mönchen ausmachen, die einen Sarg tragen. Aber nicht zum Grab hin, sondern ins Innere der Ruine, die kaum mehr Schutz bieten kann. Ruinen der Gotik, des vermeintlich deutschesten Baustils, erinnern an die heroische Vergangenheit ruhmvollerer Zeiten. Der Maler setzte sie bewusst den Stilelementen der von der Aufklärung infizierten Klassik mit ihren griechisch-römischen Vorbildern entgegen. Das Bild enthält neben den Eichen und der gotischen Ruine eine nur schwer zu entziffernde Allegorie auf die Untergangsstimmung nach der verlorenen Schlacht bei Jena und Auerstedt, in der das preußisch-sächsische Heer endgültig geschlagen schien. Es signalisiert die

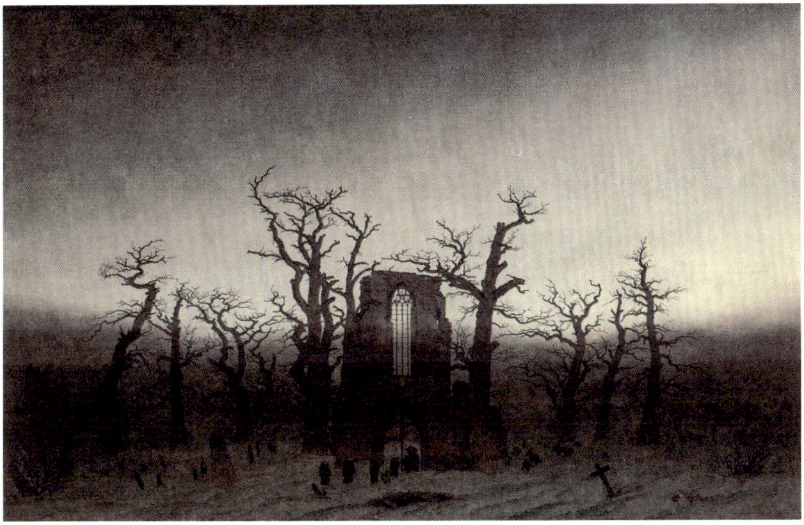

Caspar David Friedrich, Die Abtei im Eichwald (1809/10)

Empfindung der aufklärerischen Gefahr für den tiefen Gottesglauben Friedrichs, der immer wieder sein zentrales Motiv war. Er selbst zweifelte, ob man dieses Werk rational erklären kann. In einem Brief äußert er sich zu seiner für ihn selbst rätselhaften Botschaft: »*Was nur im Glauben gesehn, und erkannt werden kann, und dem endlichen Wissen der Menschen ewig ein Rätsel bleiben wird: (mich selbst ist was ich darstellen will. Und wie ich es darstellen will, auf gewisse Weise ein Rätsel.)*« Kann es also sein, dass ihm sein Unterbewusstsein den Pinsel führte und ihn auch hier, wie im *Wanderer*, zum Zeitzeugen einer ungewissen Zukunft machte? Die Komposition und der Inhalt dieses Gemäldes waren ihm so wichtig, dass er das Motiv gleich drei Mal, nur wenig differierend, malte. Die beiden Pendants gingen im

Zweiten Weltkrieg unter und sind nur fotografisch überliefert. Versucht man dennoch eine Deutung, hilft, dass er das Gemälde als Paar zusammen mit dem *Mönch am Meer* aus demselben Jahr 1809 erstmals der Öffentlichkeit präsentierte. Wie wäre es, wenn beide motivisch scheinbar nichts Gemeinsames aufweisenden Gemälde sich in ihrer seelischen Aussage und Tiefe ergänzten? Dann könnte der *Mönch am Meer* Friedrichs Anmutung wiedergeben, als Mensch auf Gottessuche der Leere und Unendlichkeit des Kosmos ausgeliefert zu sein. Während *Die Abtei im Eichwald* daran erinnert, dass er auf dem Boden der guten alten Vergangenheit seiner Ahnen und Kultur steht, die er durch Napoleon dem Untergang geweiht sah.

Es lag für Friedrich nach dem überraschenden wie auch endgültigen Sieg über Napoleon in der Völkerschlacht bei Leipzig nahe, die Eiche erneut, diesmal jedoch als zentrale Metapher seiner wiedererwachenden nationalen Zukunftshoffnung zu malen. In seinem Gemälde *Eichbaum im Schnee,* 1829 steht sie vor einem den Frühling ankündigenden blauen Himmel über dahinschmelzendem Schnee wie ein ungeduldig auf den Knospenaustrieb wartender Siegesbaum.

Und auch ein anderes seiner populären Gemälde, *Der einsame Baum vor einer Dorflandschaft bei Morgenbeleuchtung,* 1822, zeigt eine solche Charaktereiche, die man für real existierend halten möchte. Doch auch dieses Gemälde ist eine Kopfgeburt Caspar David Friedrichs, nämlich aus realen Versatzstücken konstruiert. Die Eichen in seinen teils frühen Skizzenbüchern entstammen offensichtlich seinen Begegnungen anlässlich seiner langen Rügen-Wanderungen. Sie und andere Baum-

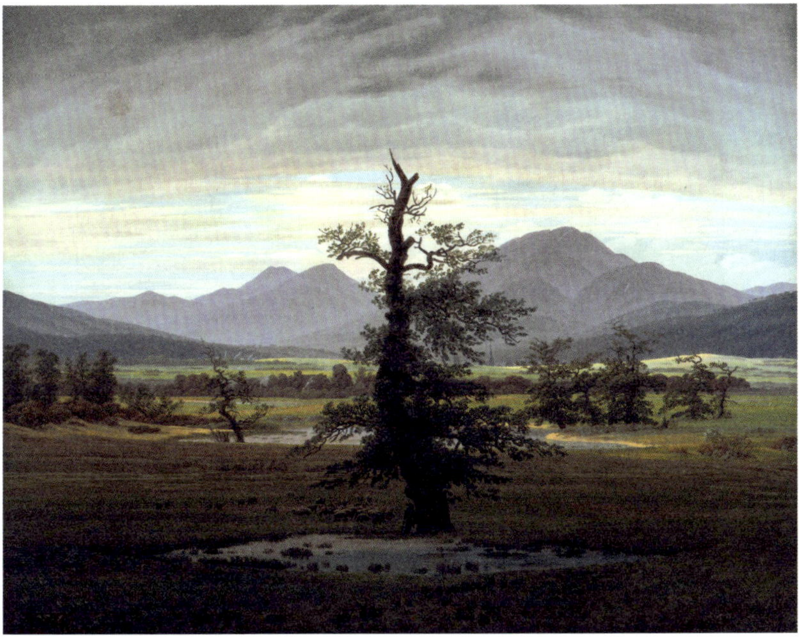

Caspar David Friedrich, Der einsame Baum (1822)

studien wurden zu unverwechselbaren nationalen Symbolen seiner Landschaftsmalerei. Er versetzte die zuvor zeichnerisch präzise festgehaltenen Bäume in einen geistigen Zusammenhang – hier die Schlussfolgerung: Eiche – Nation – Freiheit! Mitunter lassen sich aus seinen Kompositionen lyrische Vorbilder wiedererkennen wie hier in *Der einsame Baum.* Er wiederholt bildnerisch die lyrische Gründungshymne an die Eiche als »*heiligen Baum deutscher Nation*« in der Ode *An die Freiheit* des romantischen Dichters und Komponisten Christian Friedrich Daniel Schubart aus dem Jahr 1796.

Christian Friedrich Daniel Schubart (1739–1791)

AN DIE FREIHEIT

O Freiheit, Freiheit! Gottes Schoß entstiegen,
Du aller Wesen seligstes Vergnügen,
An tausendfachen Wonnen reich,
Machst du die Menschen Göttern gleich.
Wo find' ich dich, wo hast du deine Halle?
Damit auch ich anbetend niederfalle;
Dann ewig glücklich – ewig frei
Ein Priester deines Tempels sey.

...

Es sonnte Hermann sich in deinem Glanze,
An deine Eiche lehnt' er seine Lanze,
Und ach, mit mütterlicher Lust
Nahmst du den Deutschen an die Brust.
Bald aber scheuchten Fürsten deinen Frieden,
Und Pfaffen, die so gerne Fesseln schmieden;
Da wandtest du dein Angesicht
Wo Fesseln rasseln – bist du nicht.

...

Man darf unterstellen, dass Friedrich als scharfer Beobachter der Landschaft sah, dass die Eiche nicht mehr die Waldlandschaft seiner Zeit prägte. Um 1800 war das nach wie vor die von Natur aus immer noch vorherrschende Buche, die viele Mittelgebirge mit ihren Brennholzniederwäldern bedeckte und in denen die Eiche seltener zu finden war. Sie lieferte bis tief ins 17. Jahrhundert das gesuchteste Bauholz und war einstmals der in den Jahrhunderten der frühen Exploitationswirtschaft wertvollste Baum. Erst beginnend ab 1750 sollte sie durch einen neuen Brotbaum, die Fichte, in der Ebene wie im Hügelland als Bauholzlieferant verdrängt werden. Caspar David Friedrich malte mit Beginn seiner Ölmalerei um 1806 deswegen zunächst überwiegend Fichten, auch wenn er sie mitunter als Tannen bezeichnete. Erstere gewannen rasch weiter an Boden, genauso wie die Kiefernplantagen auf den trockenen, häufig bereits seit langer Zeit entwaldeten Sandstandorten im Osten Deutschlands, die einst von Natur aus hohe Eichenanteile trugen. Eichenreichere Mischwälder gab es zu Friedrichs Zeiten vor allem noch als Mittelwälder zur Mastweide für das Vieh oder als Eichenniederwälder für die Gerbrindegewinnung, aber nur selten zur Brennholzerzeugung. Seine eichenen Baumcharaktere bezog Friedrich infolgedessen aus der freien, meist dörflich geprägten Kulturlandschaft bzw. den Mittelwaldresten, in denen die Buchen wiederum seltener geworden waren. Damals dürfte der Eichenanteil in der Landschaft insgesamt nicht wesentlich höher gelegen haben als heute mit gut 10 % Anteil an der aktuellen Waldbestockung. Die Eichen waren über Jahrhunderte das Bauholz schlechthin. Und natürlich könnten sie auch morgen wieder als besonders hochwertiges Bauholz dienen und gezielt im Wald forstlich herangezogen werden. Zumal sie hinsichtlich des zu erwartenden Klimawandels nicht besonders gefährdet erscheinen. In seinen Gemälden malte Friedrich meistens Stieleichen in den Tälern und Ebenen, wo sie von Natur aus wegen der besseren Feuchtigkeitsversorgung vorherrschen. Die Traubeneiche ist für uns heute sogar eine Rückversicherung im Klimawandel. Sie ist als natürliche Mischbaumart des Buchenwaldes im Hügelland auch auf den sommerlich wärmeren, mäßigen bis mittleren Südstandorten ausreichend wuchskräftig und bildet weniger deutlich als ihre robustere Schwester ebenfalls eine Pfahlwurzel aus, was sie in Trocknisphasen in kollinen bis montanen Südhanglagen ausreichend zu schützen vermag. Sie zeigt sich inzwischen mancherorts als Gewinner des Klimawandels.

Das könnte sie sehr wohl sein, wenn unsere Eichen nicht ein spezifisches Problem hätten, das allerdings alle heimischen Laubhölzer bedroht (am wenigsten noch die Buche). Es ist die völlig unnatürliche Rehwilddichte, die aus vielen Gründen, aber nicht zuletzt wegen der miserablen Jagdgesetze aus der Nazizeit zu beklagen ist. Das liebliche Bambi ist tatsächlich der wichtigste Antagonist der Klimazukunft unserer Wälder, weil es als Leckermaul die Knospen der Höhentriebe junger Bäume, ihre sogenannten Terminaltriebe, frisst. Und das geschieht bei den Eichen meistens schon direkt nach der Keimung ihrer Eicheln, die das Reh nachts rückstandsfrei zupft und quasi mit Haut und Haaren verschlingt. Förster nennen das Reh darum die kleine braune Heckenschere. Gerade die Traubeneiche, die wir in Zukunft deutlich mehr brauchen als heute, ist auf dem Speiseplan des Rehwilds ganz weit vorn gelistet. Nach dem Kaviar des Bambis, nämlich der Weißtanne, sind unserer beiden heimischen Eichenarten sein Meeresfrüchtesalat auf dem heimischen Waldbüfett.

Den Tannen-Kaviar hatte es in den 70er-Jahren des letzten Jahrhunderts deutschlandweit bereits fast ausgerottet. Solange es Eichenkeimlinge gibt im Wald, widmet es sich heute darum zunächst gründlich deren Vertilgung. Die jährlich im Wald keimenden Laubholzsämlinge gehen in Deutschland der Zahl nach weit in die Billionen – jährlich, kostenlos und von der Natur geschenkt. Aber jedes der rund 4,5 Millionen hungrigen und süßen Rehwildmäuler braucht bei uns jeden Winter ca. 50.000 Terminalknospen, also weit mehr, als alle Laubbäume zusammen Samen werfen können. Wir sehen deswegen kaum etwas davon, obwohl diese natürliche und geschlechtliche Vermehrung durch Samenwurf die sicherste Anpassungsstrategie unserer heimischen Laubbäume an das sich verändernde Klima ist.

Deutschland, Buchenland – wohin sind deine Buchen?

Die *Germania* der Paulskirche hat eine prominente Vorgängerin ebenfalls von Philipp Veit, nämlich die *Germania* (S. 60) aus den Jahren 1834–36. Veit gilt als Vertreter des später als süßlich nur wenig geschätzten Nazarener-Malkreises. Eine Verwandtschaft mit der Paulskirchen-Heldin ist unverkennbar, aber bis heute in ihrer Tiefgründigkeit unerkannt. Das untere Drittel des Gemäldes zeigt die Wappen des deutschen Bundes, der sich in ihrem Gestaltumriss widerspiegelt. Zweifelsfrei entspringt aber aus der Eiche hinter der *Germania* optisch

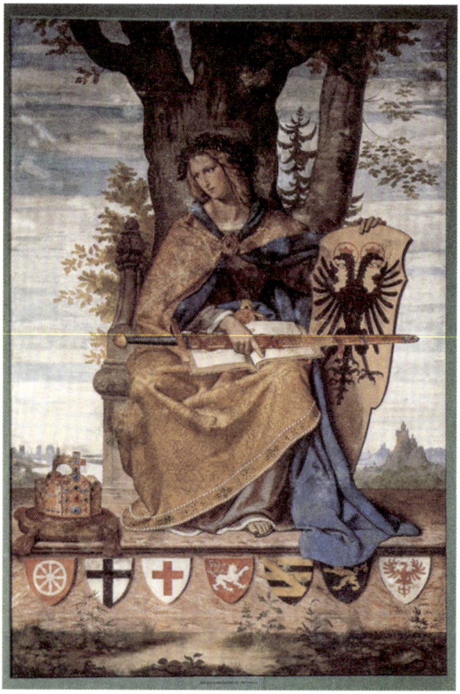

Philipp Veit, Germania (1834–36)

eine junge Buche und keine Eiche. Damit man daran nicht zweifelt, malte ihr Veit oberhalb des Wappenschildes mit dem Doppeladler eigens ein Zweiglein, unzweideutig mit Buchenblättern. Perspektivisch lässt der Maler es sogar hinter dem Rücken Germanias aus dem Stammanlauf der Eiche sprießen, was botanisch natürlich unmöglich ist. Veit vermittelt so dem aufmerksamen Betrachter die klammheimliche Botschaft, wer die wahre Mutter des deutschen Waldes ist – nämlich die Buche.

Tatsächlich ist sie die Baumart, die in der nacheiszeitlichen Wiederbewaldung Zentraleuropas die Oberhand gewann und damit zur herrschenden Baumart wurde. Nicht zufällig sind fast alle unsere natürlichen und hochwaldbildenden Baumarten Mischbaumarten des Buchenmischwaldes und teilen annähernd ihr natürliches Areal. Gut 66 % unseres gesamten Staatsgebietes wären deswegen von Natur aus mit Laubmischwäldern bedeckt, freilich mit ihrem *Mutterbaum* Buche als vorherrschende Baumart. Vegetationskundlich werden alleine ca. 24 Buchenmischwaldtypen unterschieden, mit deutlich schwankender Baumartenzusammensetzung. Von Natur aus gehören sechs bis acht Laubbaumarten in jeden durchschnittlichen Buchenmischwald. Die Buche ist damit tatsächlich die *Mutter* unserer natürlichen Bodenfruchtbarkeit wie auch Lebensraum vieler unserer endemischen, mehrheitlich hochgefährdeten Arten. Und natürlich ist sie letztlich auch das Mutterhaus unserer Zivilisation. Nicht zufällig heißt die Region um Fulda, ihr Areal-Mittelpunkt, auf alten historischen Karten »*Buchonia*«. Kulturhistorisch ist die Buche darum sehr speziell mit unserer Sprache verbunden, so wie keine andere Baumart. Sowohl der *Buchstabe* wie auch die Bezeichnung dieser Druckschrift als *Buch* finden ihre begrifflichen Wurzeln in dieser biogeografischen Besonderheit des deutschen Sprachraums.

Es ist ihre natürliche Dominanz, gerade auch als koevolutives Element der meisten unserer heimischen Laubbäume, warum wir im Klimawandel auf die Buche als natürliches Rückgrat unserer Wälder auch in Zukunft verstärkt setzen sollten. Dafür sprechen einerseits ihre soziologische Dynamik und andererseits ihre extrem langfristige Konstanz, die außer Frage steht. Das widerspricht vereinzelten Anzeichen, die Rotbuche, so ihr deutscher Name, zeige bereits mangelnde Trockenheitsresistenz. Das ist in einem fast immer naturfernen Waldgefüge mit einer einseitigen phänotypischen Prägung der Fall. Wie bei uns Menschen selbst prägen aber Umweltbedingungen ihre individuelle Resilienz, was keine Aussage über ihre genetische Disposition beinhaltet. Tatsächlich braucht sie während der

Wachstumszeit (nur ca. vier Monate im Jahr) ein ausreichend großes Wasserreservoir, um ihre Lebensfunktionen durch die Transpiration aufrechtzuerhalten. Das natürliche Buchenwaldgefüge ist deswegen systemisch darauf ausgerichtet. Es beschattet den Waldboden intensiv, durchwurzelt mit ihrem sogenannten Herzwurzelsystem den Oberboden großvolumig, erhöht selbst im Sommer die Infiltration des Regenwassers in den Oberboden durch den Stammabfluss an ihrer glatten Rinde, und in ihrem Schutz keimen besonders gern viele ihrer begleitenden und besonders bodenfreundlichen Mischbaumarten, wie zum Beispiel Eiche, Bergahorn, Esche, Weißtanne und viele andere. Das alles ist zusammengenommen das Geheimnis ihrer hohen biologischen Bodenaktivität, die das wasserhaltende Porenvolumen im Oberboden determiniert und ihn fortlaufend vertieft, obwohl ihre eigene Laubstreu nicht zur Lieblingsspeise der Bodenlebewelt zählt. Eben darum sind die Laubmischbaumarten evolutiv mit ihr vergesellschaftet – eine Gemeinschaft zum gegenseitigen Nutzen. Von Natur aus kennt die Buche annähernd keinerlei Waldaußengrenzen, das heißt, im natürlichen Buchenwald herrscht ewige Windruhe und überall ein kühler Halbschatten. Die ihn ertragenden Jungbäume können so den gesamten Stamminnenraum mit grüner Blattmasse, also mit Chlorophyll, ausfüllen und die Waldinnentemperatur deutlich absenken. Das Geheimnis dieser Temperaturdifferenz zum Freiland ist ihre Transpiration im Waldinneren bei ewiger Windstille. Buchenmischwälder sind spiegelbildlich der pflanzengeografische Repräsentant unseres, durch mäßige Extreme gekennzeichneten, Klimas im Übergang von der atlantischen zur kontinentalen Region, in deren europäischem Wohlfühlzentrum unser glückliches Deutschland liegt.

Fachlich bezeichnet die Wissenschaft diese Waldregion auf der Nordhalbkugel als temperierte, winterkahle Laubmischwaldregion, die weltweit nicht zufällig die am meisten verfremdete der Erde repräsentiert. Fast 100 % ihrer Wälder wurden historisch entweder in Agrar- und Siedlungsflächen umgewandelt oder durch die Forstwirtschaft extrem stark verfälscht. Anders gesagt: Wir haben uns der Mutter unseres Waldes kulturgeschichtlich bereits weitgehend entledigt. Gerade noch gut 15 % der deutschen Waldfläche, die aber nur noch ein Drittel ihrer ursprünglichen Ausdehnung aufweisen, sind überhaupt noch mit Buchen, und wenn, dann überwiegend mit einschichtigen Altersklassen-Reinbeständen in jugendlichem Durchschnittsalter bestanden. Letztendlich sind das nur noch etwa 4,5 % ihrer einstigen Ausdehnung, und das in einem entmischten, naturfernen Zustand im unreifen Alter des Heranwachsens.

Wir verdanken dieser temperierten Waldregion auf der Erde wegen ihres ausgeglichenen, »*humanen*« Klimas unseren Wohlstand – nicht mehr und nicht weniger. Das ist der wahre Grund, warum sich alle Wohlstandsnationen bis in die 70er-Jahre des letzten Jahrhunderts vor allem in diesem kleinen, temperierten Waldgürtel auf der Nordhalbkugel drängten – auf Kosten seiner winterkahlen Laubmischwälder. Die Folge ist eine zentrale Hypothek in der Zukunft: Nicht nur ihre sich kontinuierlich verschlechternde Artendiversität, sondern die fehlende Resilienz unserer labilen Forste wuchsen sich in den trockenen Jahren 2018–2020 zur nationalen Waldkrise aus. Es geht also schlicht um uns selbst, denn die Gemeinwohl-Produktivität und -Effektivität der ihrer natürlichen Mutter entwöhnten Kunstforste gehen seit Langem zurück, sei es als Wasserspeicher, Holzlieferant, als Kühlungsmotor oder auch als attraktiver Erholungsraum. Es geht längst um eine humane Zukunft, wenn wir über die Waldendzeit sprechen.

Wie konnte es so weit kommen? Unsere Zivilisationsgeschichte ist seit Langem ein unaufhörlicher Kampf gegen den natürlichen Wald. Vor allem um seine Bodenfruchtbarkeit, um sie für unsere Ernährung zu nutzen. Beginnend in der Jungsteinzeit, bediente man sich der scheinbar unbegrenzten Waldressource natürlicher Buchenmischwälder. Zunächst wurden Rodungsinseln hineingeschlagen und diese lokal zunächst für die Sippe, später für die Dorfgemeinschaft erweitert. Das geschlagene Buchenholz bot den notwendigen Brennstoff, und die Rodung schuf Platz, ihre natürliche Bodenfruchtbarkeit für den Feldbau zu nutzen. Die humosen Waldböden ließen sich meistens leicht mit dem Pflug bearbeiten. Sie waren als vormalige Buchenwaldböden feucht und reich an Quellen. Sie boten über lange Zeit guten Ackerboden und noch bessere Weidegründe für das Vieh wie auf dem Gemälde aus dem Jahr 1485 von Geertgen tot Sint Jans.

Im Hintergrund ist ein sich allmählich auflösender Buchenwald dargestellt, der einer sich immer weiter ausdehnenden Viehweide weicht. Etwa zur Entstehungszeit dieses Gemäldes kam der Waldumbau durch kontinuierliche Erweiterung der Rodungsinseln in seine Schlussphase. Alles, was dauerhaft zu Grünland oder zum Feldbau tauglich war, also nicht zu steinig oder zu trocken, einen pflugfähigen Oberboden hatte und nicht jahreszeitlich unter Wasser stand etc., war dem Wald zur Ernährung bereits abgerungen. Das hieß nicht, dass die siedlungsnahen Restwälder nicht ebenfalls intensiv genutzt wurden. Solcherart Waldnutzungen zu den unterschiedlichsten Zwecken gab es viele. Sie machten den Wald zunächst zum Stall durch Viehweide und Schweinemast, dann zum Stallmistlieferanten durch Plaggenutzung und Laubstreugewinnung etc.; seit dem 16. Jahrhundert schließlich zur Wiege der industriellen Entwicklung, zunächst als Energielieferant von Brennholz oder zur Herstellung von Holzkohle, später dann mehr und mehr zur frühindustriellen Rohstoffversorgung wie zum Beispiel für Pottasche, Gerbrinde, Schiffs-, Bau- und Grubenholz, Lehm- und Steinabbau und anderes mehr. Unsere heutige Wald-Feld-Grenze entspricht noch immer dieser Aufteilung unserer längst restlos kultürlich aufgeteilten Landschaft. Mit einem Unterschied: Unsere heutigen Siedlungs- und linienförmigen Infrastruktu-

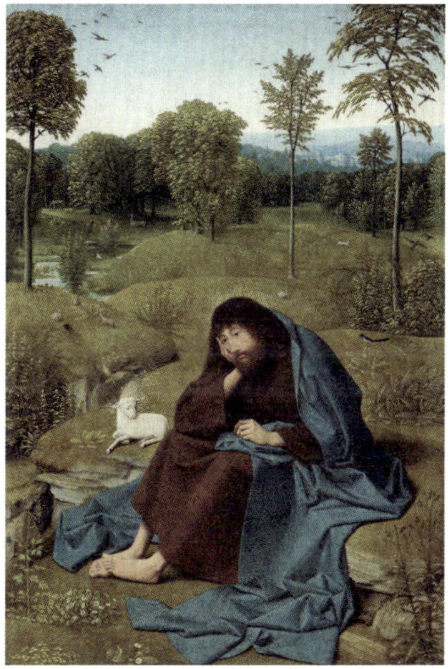

Geertgen tot Sint Jans, Heiliger Johannes der Täufer (1485)

ren haben sowohl den Wald wie auch die Agrarlandschaft in einen kleinsträumigen Flickenteppich verwandelt, der kontinuierlich immer kleinteiliger wird. Weniger ihr überbauter Flächenanteil von inzwischen 14 % der nationalen Fläche als dieser Zerschneidungseffekt ist aber für die Waldökologie besonders problematisch, zum Beispiel wenn jetzt auch noch Windkraftanlagen und ihre Zufahrten den Wald zerteilen werden.

Die natürlichen Buchenmischwälder waren die Hauptverlierer dieser Entwicklung. Noch zur Zeit Caspar David Friedrichs waren sie als Niederwälder die dominierende Brennholzquelle. Die technische Innovation des Untertagebaus ermöglichte es, das Brennholz allmählich durch die Steinkohle zu ersetzen. Das geschah zeitgleich mit einer stark anwachsenden Nutzholzkrise, was wechselseitig verstärkend zu einer Lösung zwang. Die merkantilistischen Fürstentümer brauchten für den Gold,- Silber- und sonstigen Mineralbergbau erhebliche Mengen Grubennutzholz, zudem führte der Schiffs-, Schloss- und Städtebau im 18. Jahrhundert zu einer regelrechten Bauholzkrise, die den jüngsten Versorgungsengpass der Krisenjahre 2018–2020 weit übertroffen haben dürfte. Es war diese Nutzholzkrise, die die rationelle Forstwirtschaft gebar. Friedrich und viele andere Maler der Zeit ab 1750 bis ca. 1850 malten darum nicht zufällig häufig waldarme oder sogar baumfreie Landschaften im Hintergrund. Landschaften, die wir aktuell als löcherige Fichten-Mittelgebirge wiedererleben, weil deren Forste sich durch Kalamitäten rasant aufzulösen beginnen. Die um 1800 locker mit Bäumen bestandenen Waldweiden, Räumden und seit Generationen verhagerten Freiflächen der in Teilen entwaldeten

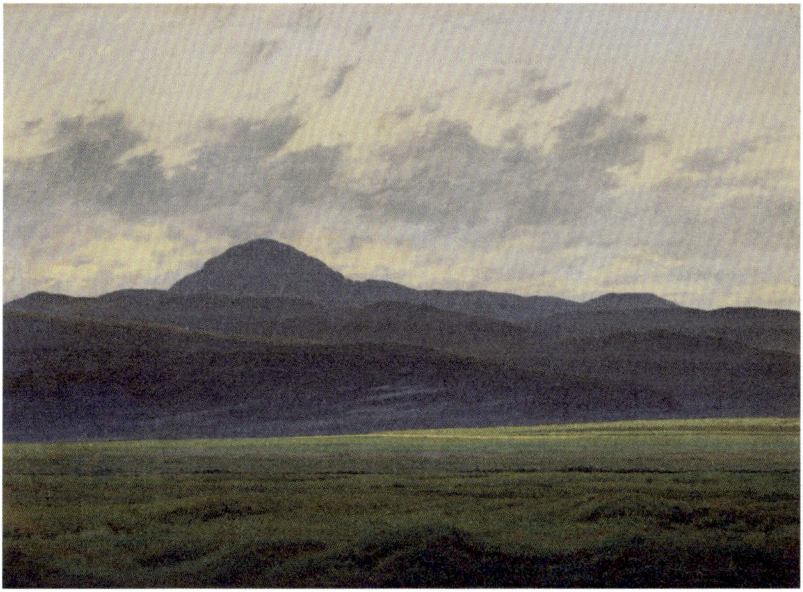

Caspar David Friedrich, Berglandschaft in Böhmen (um 1830)

Mittelgebirge waren also die Geburtsorte unseres Altersklassenwaldes, und ihre Hebamme war die rationelle Forstwirtschaft zur Behebung der Nutzholznot. Der neue Wald, freilich ein Nutzwald, begann, sich wieder auf etwa seinen heutigen Anteil in der Landschaft auszubreiten. Fast durch das gesamte 19. Jahrhundert hindurch wurden deshalb vor allem die Buchen-Brennholz- und Eichen-Gerbrinde-Niederwälder durch Kahlschlag in Monokulturen aus Fichte oder Kiefer umgewandelt. Friedrich malte auch diesen Vorgang präzise wie ein Landschaftsfotograf unserer Zeit in seinem (später fälschlich) als »Winterlandschaft« (S. 68) bezeichneten Gemälde während der politischen Düsternis napoleonischer Besetzung 1811.

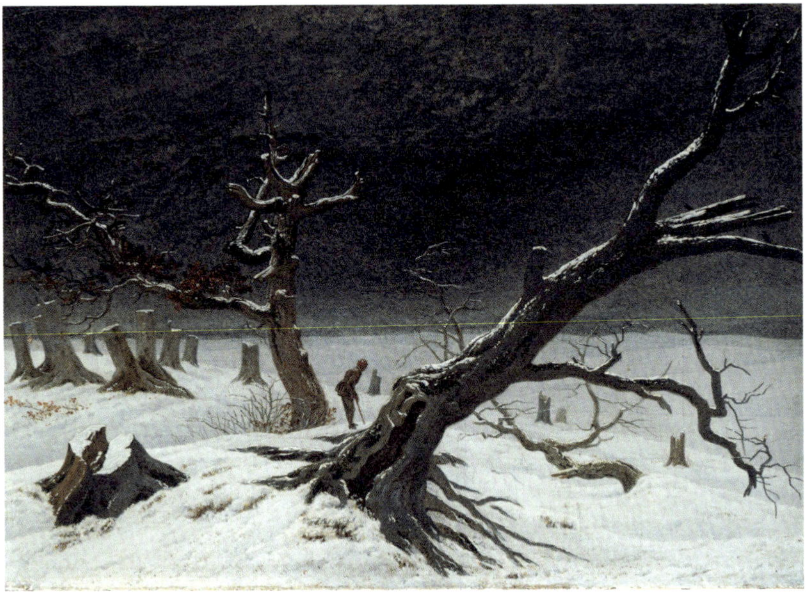

Caspar David Friedrich, Winterlandschaft (1811) © gemeinfrei / Staatliche Museen Schwerin

Es fragt sich: Ist das Bild nur die Wiedergabe einer düsteren Szene, in der ein alter, gekrümmter Mensch am Stock ins Weite schaut? Hatte sich der Maler nicht wiederholt ähnlich vernehmen lassen wie in seinem überlieferten Zitat: *»Ich bin keiner von den sprechenden Mahlern, davon es jetzt viele gibt, so im Stande sind vierundzwanzig mal in einem Athe*[m] *zu sagen was Kunst ist werent* [während] *sie nicht imstande gewesen in 24 Jahren ein einzig mal in ihren Bildwerken zu zeigen was Kunst ist.«*

Friedrich war Zeitgenosse des rund 50 Jahre älteren Immanuel Kant (1724–1804), den er allerdings nie persönlich getroffen haben kann, weil sich dieser nicht von Königsberg fortbewegte. Wahrscheinlich aber ist, dass er einige seiner längst berühmten Schriften gelesen hatte. *Die Religion innerhalb der Grenzen der bloßen Vernunft* erschien 1793, nur knapp zwei Jahrzehnte vor diesem Gemälde Friedrichs von 1811. Man darf vermuten, dass die Schrift bei dem tiefgläubigen Maler auf reges Interesse stieß. Friedrich setzte sich in seinen Werken regelmäßig mit seiner Beziehung zu Gott auseinander, war deswegen engagierter Kritiker der Aufklärung, die sich gegen eine vorbehaltlose Gottgläubigkeit zu richten schien. Was Kant zur Religion schrieb, schien im wahrsten Sinne skandalös zu sein, nämlich kalt-rational, auch wenn er kein Gottesleugner war. Kant spricht in seiner Religionsschrift vom Bösen, das radikal sei. Radikal stammt ab vom lateinischen Wort für Wurzel, und er meinte damit nicht das Böse an sich, also den Teufel nach der christlichen Lehre. Er meinte die verhängnisvolle, dem Menschen von Geburt an mitgegebene Neigung, also seine eigene angeborene Wurzel, sich gegen die praktische Vernunft zu verhalten und im Leben deswegen häufig das Falsche anzustreben. Er bezeichnete ihn darum als »*krummes Holz*«, aus dem man bekanntlich keine geraden Bretter sägen könne.

Interpretieren wir die *Winterlandschaft* unter diesem Aspekt, enthüllt sie eine an Kant anlehnende Botschaft. Der alte Mann, dieses Mal von Friedrich kaum zufällig in der Seitenansicht gemalt, um dem Betrachter die krumme Gestalt zu zeigen, steht am Ende seines Lebens am Krückstock wie Kants »*krummes Holz*«. Er zeigt uns seine gekrümmte Gestalt, die sich kaum zufällig im *krummen Holz* einer hinter ihm stehen gebliebenen Eiche widerspiegelt. Deren Stamm zeichnet im größeren Maßstab detailgenau den Kreisbogen der Rückenlinie der krummen Gestalt des Alten nach. So gesehen wäre die Botschaft dieses Gemäldes dann ziemlich eindeutig: Zwischen den Stümpfen einer gedankenlos kahlgehauenen, zweifelsfrei als ehemaliger Buchenwald zu identifizierenden Wüstenei schaut der Alte in eine düstere Weite. Seine einsame, krumme Gestalt betont diese moralische Untat. Sie steht für den Maler für das Böse im Menschen, nämlich bei der Holznutzung gegen die praktische Vernunft zu handeln. So gesehen handelt es sich um eine weitere und eindeutige Komposition, die sich nahtlos in seine intuitive Kritik an der Waldnutzung einreihen lässt, die sich als rationelle Forstwirtschaft unter napoleonischer Besatzung ausbreitete. Versteht man es so, verweist Friedrich aus waldökologischer Sicht präzise auf ihren zentralen Geburtsfehler, ihre Ursünde hin, Wälder durch Kahlschlag nutzen zu wollen. Kann es sein, dass Friedrich 1811 bereits darauf abzielte, was der Erfinder des Dauerwaldgedankens, Alfred Möller, sehr viel später, 1920, mit seiner revolutionären Erkenntnis meinte: *»Das Holz muss geerntet werden als Frucht des Waldes, der Wald aber muss bleiben.«* Entscheiden Sie selbst, wie Sie dieses Gemälde sonst interpretieren wollen. Es macht seit mehr als 100 Jahren die Kunstkritik jedenfalls ratlos. Sie hat allerdings noch nie zuvor den forstgeschichtlichen und waldökologischen Blick auf das Werk Caspar David Friedrichs gewagt, so wie hier.

Buchenhochwälder gab es an der Schwelle zur Waldbauzeit nur noch wenige. Mittelwälder waren wegen des erwünschten Mastwurfs vor allem reich an Eichen und deswegen meist stark- und breitkronig. Die wenigen Buchenhochwälder, die es noch gab, befanden sich häufig in den feudalen Bannforsten, die aber primär dem höfischen Jagdvergnügen dienten. Sie hatten deshalb, meistens eingezäunt zum Schutz des Wildes vor den Bauern, hohe Wildbestände zu ertragen und waren häufig schon seit Jahrhunderten ihres Zwischen- und Unterstandes durch den intensiven Wildverbiss beraubt. Der Maler Hendrick Goltzius (1558–1616/17) malte einen solchen durchsichtigen Buchenwald.

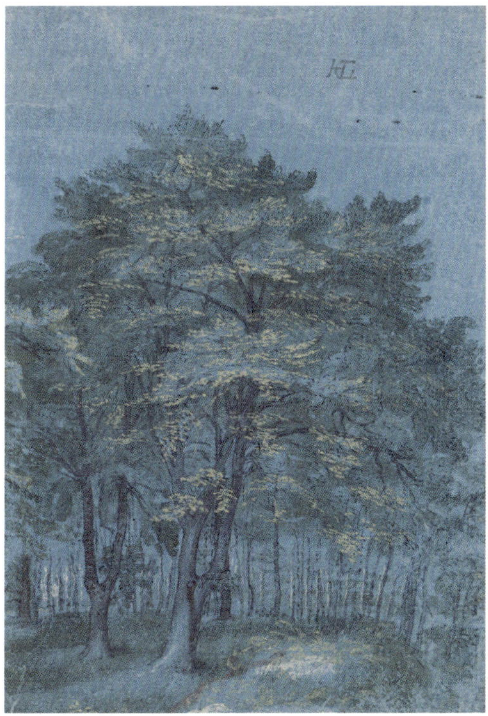

Hendrick Goltzius, Baumgruppen in einem Wald (um 1600) © bpk | Hamburger Kunsthalle | Christoph Irrgang

Seine flächige Vergrasung zeigt den Wildverbiss als die entscheidende Ursache dafür. Sie ließ auch hier schon vor 400 Jahren keinerlei Baumsamen mehr keimen und aufwachsen. Sie machte den Buchenwald innen hohl und später absehbar zum *Buchendom* infolge dieses über Jahrhunderte währenden Verjüngungsabrisses. Das Aquarell auf Papier könnte heute entstanden sein.

Sie denken sich also nichts Böses, wenn Sie dieser waldökologisch heruntergekommene Zustand ausgeräumter Laubwälder an die Folgen der Refeudalisierung der Jagd durch Hermann Göring mit ihrer gesetzlich verordneten Schalenwildhege erinnert. Übrig bleibt dann meist nur der Buchenoberstand, der sich zu hallenförmigen Hochwäldern auswächst. Sie können beeindruckend sein, täuschen aber über ihren kontinuierlichen Verjüngungsabriss hinweg.

Schaut man sich die gemalten Landschaften Caspar David Friedrichs in der Nähe oder Ferne seiner Szenerien auf erkennbare Buchenhochwälder hin an, sucht man sie vergebens. Seine Landschaften bestehen ganz überwiegend aus sanften Mittelgebirgszügen, die von Natur aus mit Buchenmisch- und Hochwäldern bestanden sein müssten, wenn es sie in seiner Umgebung noch irgendwo gegeben hätte. Tatsächlich malte er sie entweder weitgehend entwaldet oder mit Buchenniederwäldern zur Brennholzerzeugung im Hintergrund bestockt, was der forsthistorisch belegten Realität um 1800 entsprach. Die meisten Landschaftsansichten dieser Zeit bestätigen diesen historischen Befund. Die wenigen noch vorhandenen Buchenhallenwälder in abgelegener Siedlungsferne oder den Bannforsten prägten also die Vorstellung der soeben erst begründeten Forstwissenschaft vom Waldaufbau eines anscheinend natürlichen Buchenhochwaldes. August von Kreling malte Erwin von Steinbach, den vermeintlichen Erfinder der deutschen Gotik, in einem solchen *Buchendom*.

Tatsächlich ist Letzterer eine forsthistorische Selbsttäuschung. Eine forsthistorische Erfindung, oder besser gesagt eine

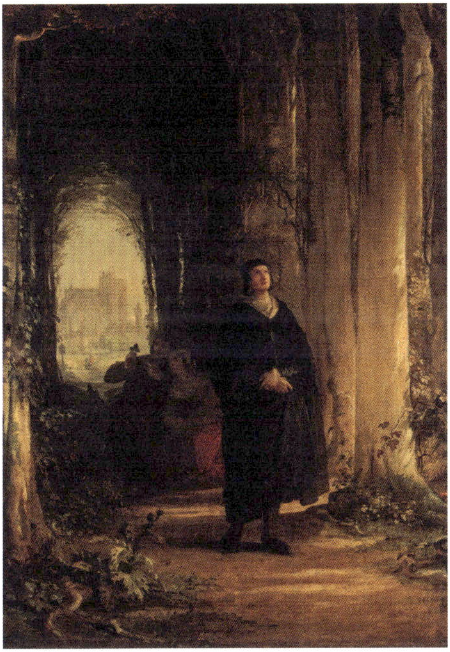

August von Kreling, Erwin von Steinbach (1849)

jagdhistorische Zwangsfolge des Feudalismus – damals wie inzwischen auch heute wieder.

Und auch das gehört zu der forsthistorischen Wahrheit: Georg Ludwig Hartig erschuf mit dem sogenannten Großschirmschlag eine zweihundert Jahre vorherrschende Waldbautechnik, um die Reste der Buchenwälder seiner Zeit zu nutzen und gezielt als Hallenwälder wiederaufzubauen. Dieses naturferne Verfahren ermöglichte, vor allem nach seinem Tod 1837, der jungen Forstwirtschaft, den Buchenanteil wieder deutlich zu steigern. Ihm verdanken wir also die Rettung wie auch die Naturferne unserer heutigen Buchenhallenwälder. Denn das Ergebnis ist fast immer eine Buchenmonokultur, die uns als *Buchendom* ein erhebendes Naturgefühl vermittelt, aber nichts als Täuschung ist. Unsere Buchenwälder sind deswegen heute artenarm, ihrer natürlichen Laubbeimischungen gänzlich beraubt, einschichtig, hallenartig ausgeräumt und viel zu jung. Gerade noch 0,16 % sind älter als 160 Jahre. Erst danach, wenn sie allmählich beginnen, biologisch auszureifen, werden sie zur Arche Noah unserer endemischen Vielfalt. Buchen werden voll erwachsen 250 bis 300 Jahre alt, und ihr beeindruckender Artenreichtum beginnt erst dann aufzublühen. Das ist unser paradiesisches Weltnaturerbe.

Erstaunlicherweise war es die bürgerliche Revolution der gebildeten städtischen Gesellschaft, also die Geburtsstunde unserer Demokratie 1848, die dem Buchenraubbau im Wald eine Erholungspause gönnen sollte. Sie wurde unterstützt und angetrieben durch die sozialen Fragen des ländlichen Raums, nämlich die der lokalen Brennholzversorgung und der über Jahrhunderte drückenden Last feudaler Jagdvorrechte, die die Subsistenzwirtschaften der sogenannten Kleinhäusler auf dem Land existenziell gefährdeten. Jetzt durften sie für kurze Zeit das Problem der Wildhege nach rein praktischer Notwendigkeit lösen, nämlich durch Abschuss des Schalenwildes. Der einige Jahre vorher von Hartig entwickelte Großschirmschlag konnte in den dann wildärmeren Zeiten und lange nach seinem Tod zur natürlichen Verjüngung der Reste des Buchenwaldes genutzt werden. Der Wildverbiss ging nach Abschaffung des Jagdregals 1848 für drei Jahrzehnte bis zur Kaiserkrönung Wilhelms II. deutlich zurück. Der Flächenanteil des Buchenwaldes konnte darum zunächst wieder ansteigen auf immerhin 28 % im Jahr 1883. Erst die Folgen des Zweiten Weltkrieges und die später einhergehende Verrohung des Waldbaus drückten seinen Flächenanteil auf den genannten schäbigen Rest von heute gerade noch 4,5 % seiner einst natürlichen Ausdehnung.

Von Friedrichs Napoleon-Fichte zur Kiefernsteppe und Fichtenmanie

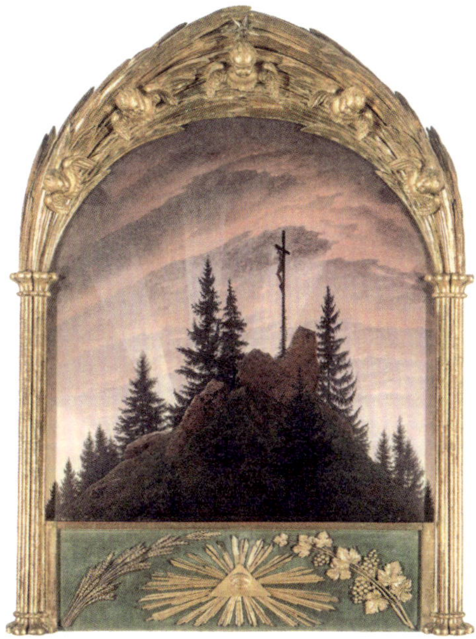

Caspar David Friedrich, Kreuz im Gebirge (Tetschener Altar, 1807/08)

Das in der Kunstgeschichte als *Tetschener Altar* betitelte Gemälde Friedrichs aus dem Jahr 1807/08 war ein provokanter Bruch mit allem, was man vorher an religiöser Malerei kannte. Das gilt erst recht, wenn man rückblickend auf ihre weitere Entwicklung im 19. Jahrhundert schaut, die schon kurze Zeit nach Friedrich mit dem Nazarener-Malstil nach heutigem Geschmack süßlichen Kitsch produzierte. Die religiöse Provokation muss Friedrich bewusst gewesen sein und erfüllte ihren Zweck. Sie lenkte erstmals die Aufmerksamkeit der zeitgenössischen Kunstwelt auf einen noch unbekannten Maler, der mit einem Mal in aller Munde war. Die scharfe Kritik des damals führenden Kunstkritikers von Ramdohr und die tief verletzte Reaktion Friedrichs darauf sind überliefert. Friedrich redete sich heraus mit den angeblich immergrünen Tannen als Hoffnungsschimmer. Es sind indessen unzweideutig Fichten, die Friedrich längst malerisch zu differenzieren wusste. Ramdohr kritisierte nämlich die unverhohlene Weltlichkeit, und ließe man diese Tendenz unwidersprochen weiterlaufen, so fände seiner Meinung nach eine politische Eroberung des sakralen Raumes statt. Sich also auf die Tannen zu berufen statt auf die Napoleon-Fichten, so darf man vermuten, war eine probate Ausflucht des Malers, sich dieser treffenden Kritik zu entziehen. Er ließ sich jedenfalls bei diesem Gemälde erst- und einmalig dazu herab, es selbst zu deuten, was er sonst umging. Das spricht für eine Tannen-Notlüge, mit der wahrheitsgemäßen Bezeichnung der Fichten hätte er seine politische Botschaft selbst entlarvt.

Ob Friedrich überhaupt ein kirchliches Altarbild malen wollte oder nur ein repräsentatives Gemälde mit religiösem Inhalt, ist durch die erst in jüngerer Zeit entdeckte Korrespondenz über den späteren Erwerb des Gemäldes durch die schlesische Grafenfamilie Thun-Hohenstein fraglich. Ein Hinweis auf seine anfängliche Weigerung, das Bild an sie zu verkaufen, findet sich schriftlich aus der Hand der Gräfin: *»Das schöne Kreuz ist leider! Nicht zu haben! Der brave Norde hat es seinem König verehrt, und obwohl er keine Gelegenheit hat es ihm zukommen zu lassen, und bis dahin wohl auch noch einige andere Stücke verfertigen könnte, so will er es doch nicht geben.«*

Mit dem König war der Schwede und Gegenspieler Napoleons, Gustav IV. Adolf, gemeint, der über Schwedisch-Pommern und somit über Friedrichs Geburtsstadt Greifswald herrschte, womit am ehesten eine antinapoleonische Botschaft unterstellt werden darf. Der König war später sogar Anhänger der strenggläubigen Herrnhuter Gemeinde und Napoleon für ihn zeitlebens die Personifizierung des Antichristen. Friedrich wie auch er waren strenggläubige Protestanten und schätzten sich gegenseitig, was die Darstellung der Gräfin zum späteren Erwerb des Gemäldes glaubwürdig macht. Gustav IV. Adolf wurde bereits 1809 zur Abdankung gezwungen, was die Übergabe des Geschenks seitens Friedrichs verhindert haben dürfte. Auffallend ist der vom Maler – einmalig – selbst entworfene und besonders üppige Prunkrahmen im neugotischen Stil, der auf eine repräsentative Verwendung, zum Beispiel in einem Fürstensitz, abzielte. Der gotische Stil war eine romantische Zurückweisung des Klassizismus im napoleonischen Empire. Das Auge Gottes darf nicht nur als Anspielung auf die Mitgliedschaft des Königs in einer Greifswalder Freimaurerloge verstanden werden, sondern auch auf seine Auflehnung gegen den Antichristen. Sie richtete sich gegen einen selbstgekrönten Kaiser aller Franzosen, gegen einen Volkssouverän im Selbstverständnis dynastischer Kontinuität zum Heiligen Römischen Reich, aber eben nicht mehr von Gottes Gnaden.

Das bis vor wenigen Jahren als Hauptwerk des Malers geltende Bild zeigt unzweifelhaft eine untergehende Sonne, die den Gekreuzigten im letzten warmen Licht anstrahlt. An dessen Kreuz klammert sich ein Efeugewächs als Symbol der Hoffnung. Letzteres ist tatsächlich ein botanisches Symbol für Treue und Hoffnung in der Malerei – ganz im Gegensatz zu den haltlosen Vermutungen über immergrüne, Hoffnung spendende Fichten in Friedrichs Bildern. Interessant ist die

Perspektive auf eine offenbar hochmontane, gar alpine Bergspitze, die den Betrachter – anders als beim *Wanderer über dem Nebelmeer* – bewusst auf dieselbe Höhe anhebt und damit perspektivisch einen dramatischen Staffagekonflikt zwischen den die Kuppe erobernden Fichten und dem Gekreuzigten heraufbeschwört. Man möchte vermuten, es kann nicht lange dauern, bis die Fichten die Kuppe eingenommen, also erstürmt haben. Waldökologisch ist es übrigens ausgeschlossen, dass ausgerechnet zum Kreuz hin die Fichten wuchskräftiger sind als unterhalb. In der Natur wäre es wegen des abwärts zunehmenden Hangwasserzugs zwangsläufig umgekehrt, was aber hier weniger Dramatik erzeugen würde. Macht man sich vom allegorischen Sujet der *anstürmenden* Fichten frei, kommt einem eine vergleichbare Choreografie von Figurenkompositionen in Kampfbildern der Kriege des 20. Jahrhunderts in den Sinn. In ihnen erstürmen Soldaten eine Anhöhe oder ein Gebäude wie das Dach des Reichstags. Sie bekamen nicht selten wegen ihrer Dramatik des letzten, siegreichen Moments ikonografischen Charakter in der Fotografie. Auch wenn Friedrich die Fichten darin als Tannen bezeichnete, sind es aber stets Fichten, die er malte. Tannen gab es in seinem engeren sächsischen Lebensumfeld längst keine mehr. Auf den Punkt gebracht, malte er in seinen Gemälden stets Napoleon-Fichten, die die heimische Landschaft, hier den Gekreuzigten, alsbald beherrschen werden. In Erwartung der Entwicklung wendet dieser sich der untergehenden, letzte Wärme spendenden Abendsonne zu, eine Metapher für eine nun dahingehende gute, alte Zeit. Er, Gottes Sohn, wendet dem Betrachter der schlechteren und zurückbleibenden Welt den Rücken zu. Als gläubiger Christ möchte man meinen, es sei eine Allegorie auf die Kreuzigungserzählung mit dem Ausruf Jesu Christi: »Vater, dein Wille geschehe.«

Eine Reihe von Fichtenstaffagen folgen in enger zeitlicher Folge dem *Tetschener Altar*, sämtlich als Allegorie auf Napoleons Besetzung mit der zeitgleich sich verbreitenden forstlichen Aufklärung. Denn Friedrich nahm diese Veränderungen intuitiv wahr wie keiner seiner Zeitgenossen und konstruierte seine Landschaften gezielt unter Verwendung früherer Fichtenskizzen und eben offenkundig nicht seiner durchaus gelungenen Elaborate über Tannen. Erstere adressierten am direktesten die napoleonische Aufklärung, die ja noch heute ihren religionspolitischen Niederschlag konstitutiv wirksam werden lässt. Man denke nur an die Säkularisation durch den Reichsdeputationshauptschluss 1803, der die noch bestehende Verbindung von kirchlicher und weltlicher Macht des Heiligen Römischen Reiches endgültig beseitigte, mit rechtstatsächlicher Wirkung heute. Deutschland sähe heute sicher anders aus, nämlich klerikaler wie zum Beispiel Polen, ohne die kurze Zeit napoleonischer Zwangsreformen.

Eine fast identische Aussage trifft Friedrich in seinem Gemälde *Winterlandschaft mit Kirche* (S. 80) schon zwei Jahre später, aber noch vor dem Sieg über Napoleon.

Die gotische Kirche entweicht allmählich im Nebel, während der Krüppel, wohl ein Kriegsversehrter der napoleonischen Kriege, seine Krücken wegwirft. Sein Rücken sucht Halt an dem Megalith eines germanischen Hünengrabs, also an

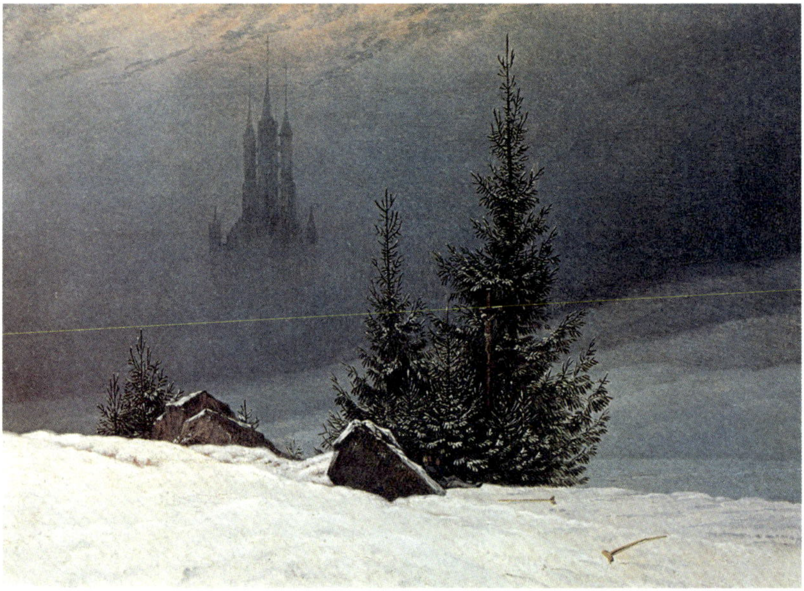

Caspar David Friedrich, Winterlandschaft mit Kirche (1811)

der »ruhmreichen« Vergangenheit, während er inbrünstig den Gekreuzigten anbetet. Doch jener droht ebenfalls schon alsbald von Fichten überwuchert zu werden. Diese nehmen im Umriss Bezug auf die Silhouette des gotischen Kirchenbaus im Nebel und erzeugen ein optisch offenbar beabsichtigtes kontradiktorisches Spannungsfeld beider Konturen. Sie sind eine Allegorie auf den Widerstreit von Glauben und napoleonischer Aufklärung.

Im selben Jahr 1811 malte Caspar David Friedrich zudem die leere und düstere Winterlandschaft mit kahlgeschlagenen Buchen, also einen eindeutigen dendrologischen wie andererseits auch forstlichen Antagonismus von Buchen und Fichten auf der einen Seite sowie einem Buchenkahlschlag und einem kräftigem Fichtenaufwuchs auf der anderen Seite. Ist das nur Zufall?

Besonders eindringlich drückt er die napoleonische Überfremdung in seinem berühmten Gemälde *Der Chasseur im Walde* aus. Auf einem von links unten in den Fichtenforst einbiegenden Holzweg steht ein einsamer, offenbar in Gedanken innehaltender französischer Chasseur. Rechts vom Holzweg sind die beiden Stümpfe eines geworfenen und eines gefällten Fichtenstamms zu erkennen. Auf Letzterem sitzt ein Rabe, im Volksglauben der Unglücksvogel.

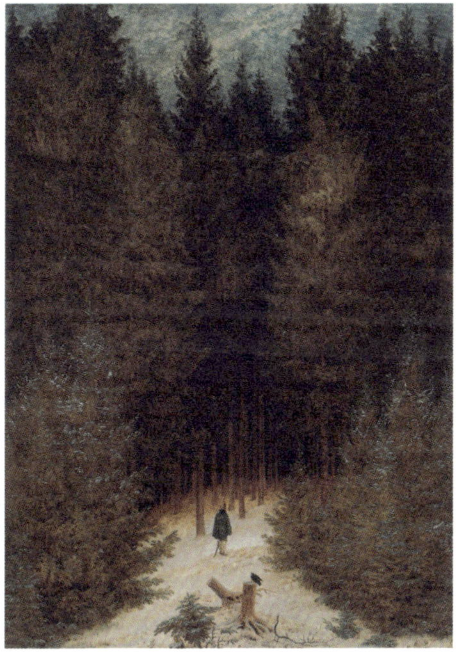

Caspar David Friedrich, Der Chasseur im Walde (1814)

Als Holzweg bezeichnet man gemeinsprachlich – und bis auf den heutigen Tag – einen Triftweg, der keine Verbindung zwischen zwei bestimmten Orten herstellt, sich also im Wald verliert. Er führt zu einer Stelle, wo zuvor einmal Holz eingeschlagen und dann mithilfe eines Gespanns auf der sogenannten Trift herausgezogen wurde. Er endet also stets im Nirgendwo wie hier und ist eine Allegorie auf die romantische

Hoffnungslosigkeit, die Friedrich in der Ausweglosigkeit napoleonischer Veränderungen fühlte.

Wir haben uns schon seit Generationen daran gewöhnt, künstliche Fichtenmonokulturen in unseren kollinen bis submontanen Mittelgebirgen Nordwestdeutschlands (bis ca. 800 m über NN), wo sie von Natur aus gar nicht vorkamen, als Natur zu empfinden. Das gilt gerade auch bei Neuschnee im Sonnenschein, wenn uns das »überzuckerte« Dunkelgrün mit Weihnachtsstimmung erfüllt. Das Glitzern des Neuschnees im farbig glitzernden Gegenlicht der Fichtenkronen gibt uns ein Gefühl, aufgehoben zu sein in der Schönheit unberührter Natur. So einfach sind wir zu betrügen, wenn wir nur in einem verfichteten Mittelgebirge aufgewachsen sind und uns von Kindesbeinen an daran gewöhnt haben! Und das ist bei Bäumen und Wäldern wegen ihrer generationenübergreifenden Lebensspanne zwangsläufig immer der Fall, sie täuschen nicht nur uns, sondern selbst viele Forstleute. Schnee im immergrünen Forst ist absolut nicht zufällig ein beliebtes Fotomotiv auf Weihnachtskarten und in zahllosen Bildbänden. Auch Friedrich malte es mehrfach, so in seinem später schlicht als *Frühschnee* bezeichneten Gemälde von 1827. Es zeigt einen Altersklassenwald aus Fichten, vermutlich aus Pflanzung, alle im selben Alter von nur ca. 20 Jahren, dicht geschlossen, aber ohne jedes Leben. Ein Holzweg wie schon beim *Chasseur im Walde* biegt mit einer leichten Rechtskurve in den dunklen Forst ein. Wohin, bleibt dem Betrachter verborgen. Man ahnt, wie leer und dunkel es im Inneren sein muss, und der Holzweg führt erfahrungsgemäß ins Nichts. Tatsächlich fallen

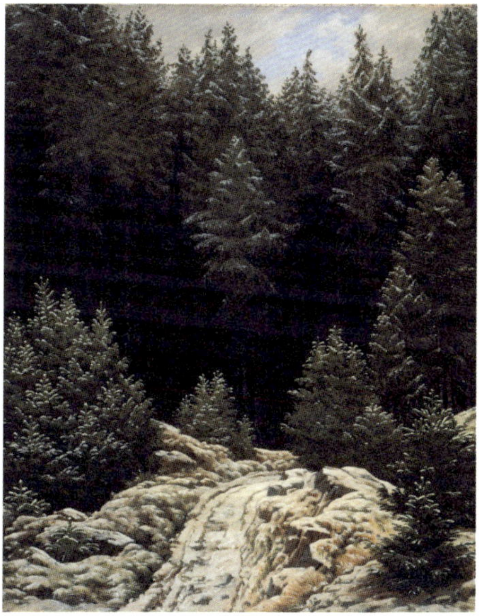

Caspar David Friedrich, Frühschnee (um 1827)

uns dunkle Fichtenforste, mit denen wir millionenfach aufgewachsen sind, nicht als unnatürlich ins Auge. Wir wundern uns erst beim Hineingehen über ihr totes »Innenleben«. Erst im höheren Alter beginnen sie sich etwas aufzulichten und zu begrünen mit einer ihr saures Nadelmilieu ertragenden, stets spärlichen Bodenvegetation. Sie entfalten erst dann ein äußerst bescheidenes Insektenleben und geben nur wenigen anderen Lebensformen Raum. Ihr angenehm weich zu begehendes Nadelpolster täuscht uns darüber hinweg, dass es eine Folge ihrer biologischen Verarmung und gestörter Nährstoffkreisläufe ist. Nichts ist tatsächlich natürlich im künstlichen Fichtenreinbestand, der nicht zufällig später von Elias Canetti (1905–1994) mit einem marschierenden Wald verglichen wurde, der unseren angeblich militaristischen Nationalcharakter widerspiegeln soll. Fichtenmonokulturen verhindern Natur, statt sie zu schaffen, obwohl sie das Potenzial haben, uns verzaubern zu können wegen ihrer formalen Ästhetik. Doch ihre Lebensfeindlichkeit offenbart sich nur dem Auge des Waldökologen als exotische, gepflanzte Monokulturen außerhalb ihres natürlichen Vorkommens.

Am ehesten könnte man es heute als forstfachlich nüchterne Darstellung eines Fichten-Altersklassenwaldes in seiner naturfernsten Altersstufe bezeichnen. Stellt sich bei Ihnen das trügerische Glücksgefühl von Fichten im Neuschnee auch beim Betrachten dieses absonderlichen Sujets ein, das später nichtssagend als *Frühschnee* bezeichnet wurde? Wohl kaum, denn irgendwie beschleicht einen trotz des weihnachtlichen Puderzuckers das Gefühl heimlicher Bedrohlichkeit des schwärzlichen Waldesinneren im Zentrum des Bildes. Der hineinführende Holzweg scheint die Aufmerksamkeit des Betrachters magisch anzuziehen. Das leise Unwohlgefühl verstärkt Friedrich mit den seitlichen Felsböschungen eines Hohlwegs, den die Schleifgespanne beim Herausziehen der Holzstämme in den Felsen eingeschnitten haben. Man hat das Gefühl, nicht nach links oder rechts ausweichen zu können. Dieses die Naturferne unterschwellig dokumentierende Bild könnte als Foto unserer Zeit ebenso gut von einem Waldaktivisten aufgenommen worden sein, der biologisch armselige Fichtenmonokulturen dokumentieren möchte. Kann es also sein, dass Friedrich genau das bereits an der Schwelle zur Waldbauzeit darzustellen beabsichtigte? Oder war es eher Intuition, die seine Hand vorausschauend führte und auf die er sich wiederholt mit eigenen Worten bezog? Er wollte ja nicht malen, was der Maler mit seinen Augen vor sich sieht, sondern was er im Geiste glaubte zu sehen.

Er schuf mit dem *Frühschnee* jedenfalls ein Gemälde, das nach dem Kunstgeschmack seiner Zeit 1827 kaum verkäuflich gewesen sein dürfte. Er befand sich in diesen letzten Jahrzehnten seines Schaffens stets in ernster Geldnot und zunehmend depressiver Stimmung. Selbst seine später berühmt gewordenen Gemälde harmonischer Landschaften versuchte er mitunter verzweifelt zum Kauf anzubieten. Wir wissen also nicht, warum er dieses bedrohlich wirkende Gemälde malte. Sicher ist, es gab zu diesem Zeitpunkt bereits zahlreiche Fichtendickungen dieser Altersstufe, die überall heranwuchsen und seine frühen, prophetischen Fichtenstaffagen für ihn tatsächlich erlebbar machten. Solche Dickungen hatte er bei seiner Harzwanderung im Jahr 1811 vermutlich bereits vereinzelt kennengelernt. Mit den Augen der Forstgeschichte ist deswegen die Deutung unzweifelhaft: Es ist seine innere geistige Anmutung, ja Prophezeiung, welchen Anblick dereinst die Waldlandschaft bieten wird. Er war kulturgeschichtlich der *»einsame Rufer«* in der Landschaft oder, aus heutiger Sicht konkretisiert, in der heraufziehenden Fichten- und Kiefernwüste. Es ist seine Anfrage an die neue Zeit und wohin sie führen wird, am Beispiel der forstlichen Aufklärung in der Geburtsstunde ihrer rationellen Forstwirtschaft.

Das war im Wortsinn prophetisch, nämlich eine kritische Sicht auf die erwachende, vermeintlich nachhaltige Forstwirtschaft, die im forstlichen Studium des Autors dieser Zeilen vor 50 Jahren, also 150 Jahre später, mit keiner einzigen Silbe problematisiert, sondern nur als historisches Großverdienst verehrt wurde. Den zentralen Fachbegriff »Altersklassenwald« lernte der Autor dieser Zeilen erst viele Jahre nach seinem Studium anlässlich einer waldbaulichen Exkursion in einem privaten Dauerwaldbetrieb kennen. Noch heute wird selbst in forstfachlichen Gesprächen nur vom Wald gesprochen und der treffende Begriff Altersklassenwald konsequent umgangen – unabhängig davon, ob es sich um Monokulturen, Wirtschaftswälder, Nutzwälder, Kunstwälder, Altersklassenforste usw. handelt. Immer dann, wenn mehrere Bäume nur dicht genug beisammenstehen, sprechen wir Förster von Wald, der in der waldökologischen Realität aber meistens keiner ist. Kein Wunder, dass sich diese unpräzise und beschönigende Begriffswahl gemeinsprachlich und in der Politik sowie den Medien durchsetzte. Wir sprechen also über Wälder, die meistens keine sind.

Caspar David Friedrich malte auch die agrarisch geprägte Kulturlandschaft seiner Zeit, die kaum noch nutzholzfähige Wälder oder Bäume erkennen lässt. In seinem Gemälde einer böhmischen Landschaft im Jahr 1808 malte er die anmutige, mit Laubbäumen netzartig verschränkte kleinbäuerlich geprägte Landschaft, die heute das paradiesische Ideal des Naturschutzes zu sein scheint. Sie war tatsächlich wegen ihres kulturbedingten Nischenreichtums ein ganzes Jahrhundert lang das von Menschen gemachte Biotop der heute dahinsiechenden, weil Kultur folgenden Artenvielfalt. Die Kulturvielfalt außerhalb des Waldes nahm deswegen sogar ein ganzes Jahrhundert lang zu. Der einsetzende Rückgang waldgebundener Arten war indessen ein 200 Jahre andauernder, kontinuierlicher Prozess eines zunehmend einseitigeren und schematischen Waldbaus sowie zunehmender Technisierung. Ihr kulturbegleitendes Phänomen wurde mehr und mehr die Energie- und Kapitalabhängigkeit der heutigen Hochmecha-

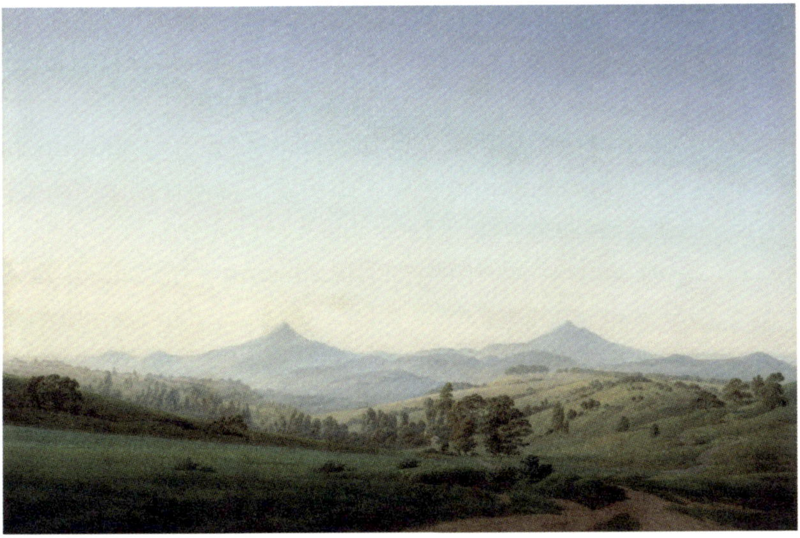

Caspar David Friedrich, Böhmische Landschaft mit dem Milleschauer (1808)

nisierung unserer Forste und zum stählernen Menetekel der angebrochenen Waldendzeit im Großmaschinen-Forst.

Tatsächlich existierten damals neben der paradiesisch wirkenden bäuerlichen Agrarlandschaft auch zahllose Räumden auf schlechteren, pflugunfähigen Standorten in der Ebene und in teilweise sogar kahlgeschlagenen Mittelgebirgen. Auch waren noch lange nicht alle vormaligen Sandheideflächen der norddeutschen Tiefebene mithilfe der Kiefer wieder zu Wald geworden. Beginnend mit der Römerzeit, waren sie auf trockenen, sandigen Böden Norddeutschlands allmählich zu baumfreien Heiden degradiert und bewaldeten sich zunächst lückig durch die weit fliegenden Kiefernsamen. Ab dem 15. Jahrhundert wurden sie vereinzelt auch mithilfe künstlicher Kiefernsaaten wieder zu Wald mit allerdings geringer Ertragskraft. Die günstigeren kollinen bis submontanen Standorte wurden mit Fichten zwar nicht dem Wald, aber immerhin dem Forst zur Nutzholzerzeugung zurückgewonnen. Insbesondere die Versorgung mit dem Baustoff Fichte wurde so für mehr als 200 Jahre tatsächlich volkswirtschaftlich gesichert, trotz Versechsfachung der Bevölkerung im selben Zeitraum. Das half im 20. Jahrhundert, die Not der Nachkriegs- und Wiederaufbauzeiten zu bewältigen. Längst sind weit mehr als 90 % unseres Wirtschaftswaldes deswegen Forste, die eher den Plantagen der »Dritten Welt« gleichen als unseren natürlichen Laubmischwäldern. Sie sind sämtlich gleich alt, meistens etwa gleich stark und gleich hoch, konkurrieren um dasselbe Licht, teilen sich denselben Wurzelhorizont mit seinen begrenzten Nährstoffen und dursten im Wettbewerb um das sommerlich stets knappe Wasserangebot – mit anderen Worten: Es sind Altersklassenwälder. Das dazu bemühte Narrativ bezeichneten die Forstleute als forstliche Nachhaltigkeit und meinten stets nur die der Holzerzeugung und nicht die eines biologisch intakten, gesunden, strukturreichen und stets von Natur aus ungleichaltrigen Mischwaldökosystems. Schaut man auf die aktuelle Entwicklung des Rundholzmarktes, so wird der industrialisierte Holzeinschlag inzwischen längst zu mehr als 50 % von der Brennholzerzeugung dominiert, dient also nicht mehr der Produktion des zentralen Zukunftsrohstoffs Nutzholz, um das es ursprünglich einmal primär ging. Der Altersklassenwald in unserer Waldendzeit dient vorwiegend der industriellen Erzeugung von homogenisierten Energierohstoffen vor allem in Form sogenannter Holzpellets, die noch im Jahr ihrer Waldernte als CO_2 wieder in die Luft geblasen werden. Das ist verrückt in Zeiten des Klimawandels – und ethisch unverantwortlich!

Die Forstwirtschaft wurde zur kleinen Schwester des Feldbaus, und das verbindende Merkmal des Holzackerbaus blieb das Anbauprinzip mit holzzuwachsfähigen Pflanzen. Das sind heute insgesamt nur fünf Hauptbaumarten, nämlich Fichte, Kiefer, Douglasie, Buche und Eiche. Das ließ den einzigen, aber gravierenden Unterschied zum Landbau vergessen: Jede Holzerzeugung mit Bäumen braucht deutlich längere Zeiträume, um Nutzholz heranreifen zu lassen, um es schlussendlich *schlagweise* ernten zu können. Die Bäume im Altersklassenwald sind deswegen so wie die Rüben oder das Korn auf dem Feld immer im selben Alter, und ihre Ernte liegt außerhalb jeder Prognosewahrscheinlichkeit mindestens vier Generation später und damit im Nebel der Zukunft, so wie bei Friedrichs *Wanderer über dem Nebelmeer*.

Werden die Bäume geerntet, beginnt auf der Freifläche der Anbau von Neuem. Sie gleicht wiederum dem Acker mehr als einem Waldökosystem, das von Natur aus ökologisch auf ewig angelegt ist. Das planerische Werkzeug dazu war das Flächenfachwerk, und Caspar David Friedrich malte genau das im Jahr 1821 in seinem Gemälde *Der Abend* (S. 143).

Es zeigt, so wird vermutet, zwei Forsttaxatoren bei der Bestimmung der zum Abtrieb bestimmten Kiefernwaldfläche bei untergehender Abendsonne. Der dargestellte Altersklassenwald entstammt offenbar einer Saat aus der Mitte des

18. Jahrhunderts, ist innen ausgeräumt und hat sich unter Verbiss des Schalenwildes erkennbar zu einer armen Kieferngras- und Kiefernheidesteppe entwickelt. Es ist das erste bildnerische Zeugnis eines Kiefern-Altersklassenwaldes in der Geschichte der Malerei, wie er heute die nordostdeutsche Tiefebene dominiert. Es ist ein leicht entzündlicher und brennbarer Forst, so wie kein anderer. Waldbrand ist in Deutschland primär ein Problem dieser Kiefernsteppen und sonst nichts. Und nicht etwa Funkenflug, Blitz oder fahrlässige Brandstiftung sind ursächlich, sondern die Forstgeschichte legte die Ursache der Waldbrände heute. Mehr als 80 % aller Waldbrände ereignen sich in Deutschland in solchen Kiefernreinbeständen im Alter von 40 bis 80 Jahren. Sie haben darum eine ähnlich schlechte Prognose im Klimawandel wie die Fichtenreinbestände aus allerdings ganz anderen Gründen. Beide Kalamitätsanfälligkeiten sind nicht etwa Naturereignisse, sondern *man made* von den Förstern der Vergangenheit.

Die Entwicklung zum Altersklassenwald galt nicht nur für das Nadelholz, sondern auch für unsere Laubbaumarten, die man ebenfalls flächenweise zu nutzen begann. Vor dem letzten Ernteeinschlag, dem Abtrieb, versuchte man sie natürlich zu »*verjüngen*«. Der Begriff verrät unverblümt, um was es sich dabei handelt: einen Großschirmschlag nach Hartig, also die annähernd gleich alte Wiederbegründung eines Jungwaldes aus natürlicher Buchen- und Eichenabsaat der Elterngeneration vor deren schlagweisem Abtrieb.

Speziell Fichten und Kiefern eigneten sich ganz besonders für die im historischen Maßstab einzigartige Rückgewinnung kahler einstiger Waldflächen für die Nutzholzerzeugung. Ihr Samen ist winzig und extrem leicht. Aus einem Sack Nadelholzsamen lassen sich problemlos Millionen junger Bäumchen anziehen. Das gilt für die Saat im Wald oder noch zahlreicher für die Ausbringung im geschützten Saatkamp, der deswegen bis in die 60er-Jahre des 20. Jahrhunderts in jedes Forstrevier gehörte. Zieht man die Keimlinge im Saatkamp zu zweijährigen Bäumchen heran, kann man sie als sogenannte Nacktwurzelpflanzen später auf einer Freifläche mit einfachen Pflanzverfahren kostengünstig auspflanzen. Das geht allerdings nicht mit allen Baumarten problemlos. Vor allem unsere heimische Weißtanne blieb bei dieser einfachen Form der Wiederaufforstung auf der Strecke, denn sie ist unsere sensibelste Baumart und wächst am liebsten unter dem Schirm von Altbäumen im natürlichen Mehrgenerationenhaus unserer Wälder heran. Es gab und gibt also zahllose rein praktische Gründe, warum man Forste mit Fichten und Kiefern auf von Natur aus waldfeindlichen Freiflächen wiederbegründete. Die extreme Einfachheit dieser Betriebsweise zur Holzerzeugung war die eigentliche Triebfeder, aus der Fichte den sogenannten Brotbaum der Forstwirtschaft zu machen. Dazu wächst sie deutlich schneller als die Buche und liefert sehr gutes, meistens kerzengerades Bauholz. Doch ähnlich wie in Goethes *Zauberlehrling* wurde aus dem *Brot*baum inzwischen der *Not*baum der Forstwirtschaft.

Zum ideologischen Zentrum der Fichtenwirtschaft in Form der besonders naturfernen sächsischen Bestandswirtschaft wurde die von Cotta zu Friedrichs Zeiten begründete forstliche Hochschule in Tharandt, an der sich konsequenterweise in der zweiten Hälfte des 19. Jahrhunderts die Bodenreinertragslehre entwickelte. Sie bezog zur Bestimmung des Erntezeitpunkts eines Forstes den sehr hohen Bodenwert mit ein und berechnete daraus mathematisch den Zeitpunkt seiner höchsten Verzinsung. Auf diese Weise rutschten nahezu alle unsere heimischen Laubbaumarten wegen ihres langsameren Wachstums ins Minus, nämlich in die rechnerische Unrentierlichkeit. Dem war nur durch die Umwandlung der Buchenwälder in Nadelholzreinbestände zu entkommen. Der Vater der Idee formulierte wörtlich *»Weg mit den faulen Gesellen«* und meinte die Mutter des Waldes damit.

Es brach eine echte Manie aus, nicht wie in Holland einst mit Tulpenzwiebeln, sondern eine mit Fichten. Der Begriff *Fichtenmanie* wurde zwar in Deutschland in der Forstwissenschaft konsequent vermieden, aber im Ausland, zum Beispiel in Italien oder der Schweiz, zum gängigen Begriff für den deutschen Holzweg. Der Jugendstilmaler Gustav Klimt war gleichwohl fasziniert von der asketischen Wirkung, die Altersklassenwälder mit ihrem leeren Waldinnenraum und ihrer vertikalen, optisch strengen Struktur zeigen.

Die Strenge der aufrecht und parallel stehenden Stämme ohne Seitenäste ist aus waldökologischer Sicht die Folge ihrer Einschichtstruktur. Sie wird verursacht durch den Hungerzustand infolge der Konkurrenz ihrer Kronen und Wurzeln um Licht, Wasser und Nährstoffe in einer einzigen, homogenen Kronen- und Wurzelschicht. Vermutlich ist es diese vertikale Askese, die Gustav Klimt beeindruckte, und nicht die

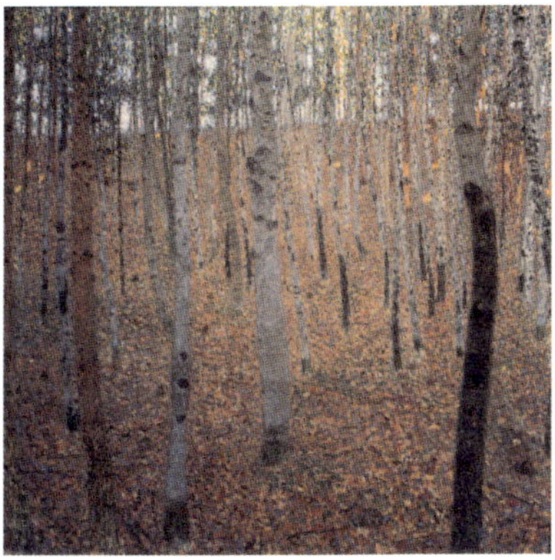

Gustav Klimt, Buchenwald (1901)

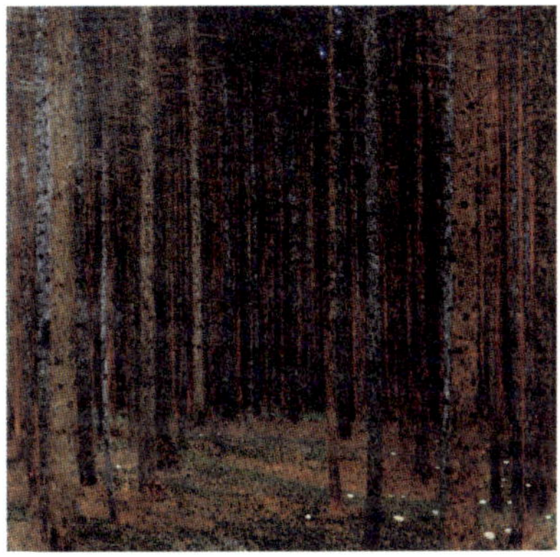

Gustav Klimt, Tannenwald (1901)

Unterschiedlichkeit der beiden Baumarten. Man muss genau hinsehen, so ähnlich sind die beiden von ihm gemalten Stangenwälder. Auch er verwechselte die Tannen mit den Fichten. Aber es kam ihm ja nicht darauf an, worum es sich handelt, sondern auf ihre optische Struktur.

Wälder im ökologischen und biologischen Sinn kann man tatsächlich nicht pflanzen, so wie man sich neue Kleider kauft oder die Wohnungseinrichtung erneuert. James Lovelock, der weltberühmte Autor des Buches *Gaia – a New Look on Life on Earth*, formulierte in seinem letzten Buch *Novozän* kurz vor seinem Tod 2022: »*Ich denke, Renaturierung und Aufforstung sind wertvoll, aber sollten auf natürliche Weise geschehen. Ich weiß aus meiner Erfahrung, dass das Anpflanzen von Wäldern kein Äquivalent ist und sogar schädlich sein kann.*« Gepflanzte Forste brauchen nun einmal viele Jahrzehnte, bevor sie eine nennenswerte CO_2-Senke bereitstellen. Bis dahin sind sie von Jahr zu Jahr im Klimawandel sogar mehr gefährdet als bisher. Erst zwei Menschengenerationen nach der Pflanzung, wobei sie erst einmal unbeschädigt zu geschlechtsreifen Bäumen heranwachsen müssen, kann man sie waldbaulich durch natürliche Absaat in echte Sekundärwälder überführen.

Erst dann wird ein stabiler Wald mit ausreichender Resilienz und vergleichbar mit natürlichen Wäldern daraus, weshalb er dann auch wieder erstmalig die Bezeichnung verdient. Dann ist er zwar kein Primärwald wie ursprünglich einmal, aber immerhin ein junger Sekundärwald, der an Ort und Stelle gekeimt ist und ein unvergleichlich besseres, stets in Richtung des Erdmittelpunkts hin wachsendes Wurzelsystem entwickelt. Das behält er bis ins hohe Alter bei und sichert ihm ein langes Leben.

Nichts anderes als diese Kritik an gepflanzten Forsten meinte der schweizerische Maler Paul Klee (1879–1940) mit seinem Aquarell *Nach Regeln zu pflanzen* schon 1935.

In Deutschland wurde der Pflanzakt zum Signet, ja zur Corporate Identity der Forstwirtschaft und jüngst der Politik für Nachhaltigkeit. Der unnatürliche Pflanzakt wurde zum Markenzeichen der Waldliebe hochstilisiert, das uns im Klimawandel ein gutes Gewissen machen soll, aber ganz sicher nicht schnell genug helfen wird. Und er wurde zur probaten moralischen Entlastung dafür, dass man ja im Altersklassenwald stets die Altbäume erst flächig entfernen muss, um anschließend pflanzen zu können – oder, besser gesagt, zu müssen. Unser aktuelles Problem einer sich ankündigenden Waldendzeit trifft diese Erblast aus solchen labilen Fichten- und Kiefernrein-

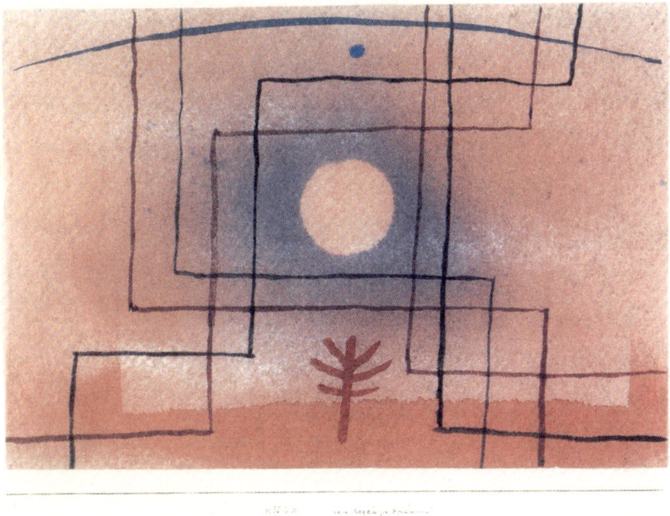

Paul Klee, Nach Regeln zu pflanzen (1935) © in unbekanntem Privatbesitz

beständen aus Pflanzung. Und auch alle anderen Wälder sind aus dem unnatürlichen Waldgefüge des Altersklassenwaldes herangewachsen und zeigen bereits erste Probleme. Das jüngste Zauberwort in aller Munde heißt deswegen *Mischwald,* doch auch er lässt sich eben nicht künstlich anpflanzen und kostet zudem sehr viel mehr Geld als die kostenlose Aussaat mithilfe der Natur, die sogenannte Sukzession.

Nach wie vor ist das gute, kerzengerade Bauholz der Hauptgrund, nicht von gepflanzten Nadelholzreinbeständen ablassen zu wollen. Das gilt erst recht, da *gefallene* Wälder seit vielen Jahrzehnten dem Waldbesitzer sprichwörtlich in die Kasse fallen, denn die kostenintensiven Folgen der notwendigen Wiederaufforstung trägt vorwiegend die öffentliche Hand.

Sie fördert auch heute noch überwiegend die Anpflanzung von Nadelholzwäldern mit Laubholzbeimischungen, also die Illusion von Mischwäldern aus künstlicher Anpflanzung. Das Grundprinzip dieser Holzerzeugung durch Holzanbau immer gleich alter Forstpflanzen wird politisch nicht hinterfragt – ein Vabanquespiel auf die Zukunft wider besseres Wissen.

Tatsächlich liefert uns Nadelholz den zentralen Rohstoff der Zukunft. Nichts spricht also prinzipiell gegen die Erzeugung von Nadelnutzholz, um überhaupt jemals eine tiefe Nachhaltigkeit unseres Lebensstils erreichen zu können, wie es Hans Joachim Schellnhuber mit seinem Projekt *Bauhaus der Erde* (S. 163) in unser Bewusstsein rückt.

Der Surrealist Max Ernst, den man im 20. Jahrhundert am ehesten in seiner Bedeutung als Waldmaler mit Caspar David Friedrich im Jahrhundert zuvor vergleichen darf, malte diese unverzichtbare Funktion der Forste gleich mehrfach, nämlich zur Lieferung von Bauholz, in seinen Bildern *Wald (Forêt)* und *Sehr hübscher langgestreckter Wald*. Er malte allerdings auch ihre Nachteile, nämlich die der Eintönigkeit, ihres Verlustes an Natürlichkeit, ihre Artenarmut und ihren Mangel an Urwüchsigkeit.

In der Realität unserer Forste am Ende dieser Fichtenmanie geht es trotz krisenartiger Zuspitzung weiter wie bisher nach dem schlichten Motto des Holzackerbaus: anpflanzen, warten und hoffen, dass es gut geht, um schließlich flächig ernten zu können! Genau dieses naheliegende, denkbar einfachste Prinzip der Holzerzeugung seit der Schwelle zur Waldbauzeit malte Caspar David Friedrich mit forstfachlich verblüffender

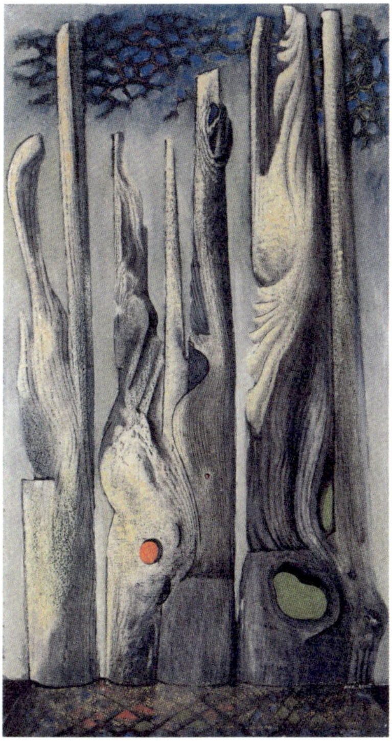

Max Ernst, Wald (1925)

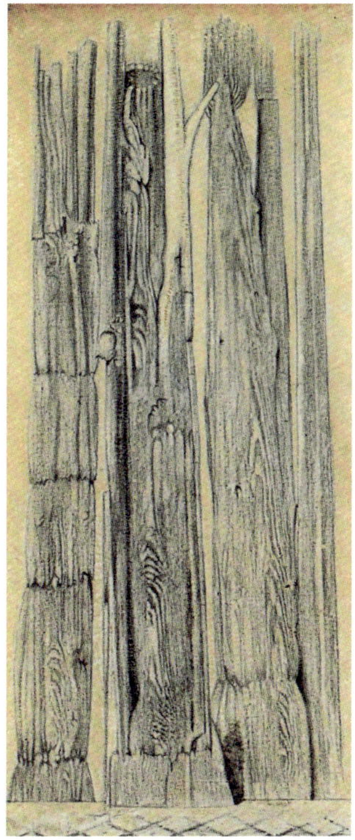

Max Ernst, Sehr hübscher langgestreckter Wald (1925)

Genauigkeit in einer unbekannten Sepiazeichnung schon im Jahr 1810 (S. 98). Es wird heute fälschlich als *Landschaft im Riesengebirge* bezeichnet, weil man sein forsthistorisches Motiv in der Kunstgeschichte bisher nicht identifizierte.

Diese Sepiazeichnung ist die präzise und erstmalige Darstellung eines Fichten-Altersklassenwaldes und nicht etwa die eines Landschafts- oder Gebirgsszenarios. Man hätte sie in den 50er- bis 60er-Jahren des 20. Jahrhunderts genauso gut auch

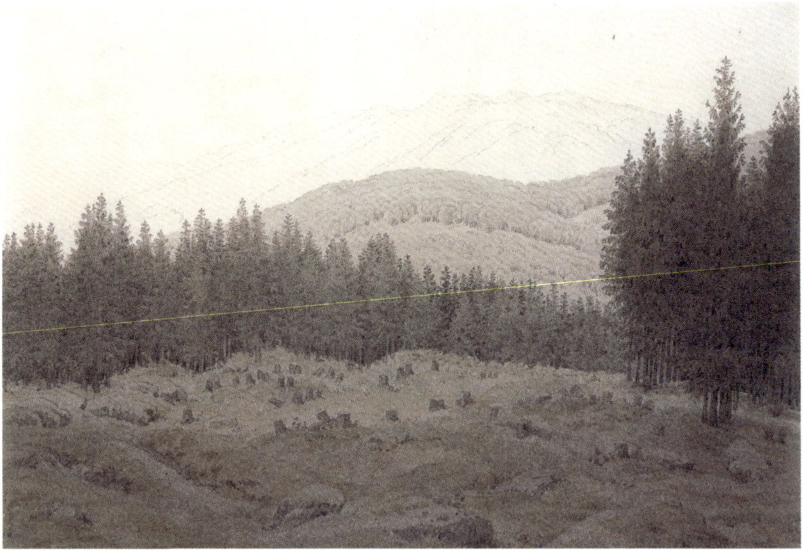

Caspar David Friedrich, Landschaft im Riesengebirge (um 1810)

in den seitdem vollständig verfichteten Mittelgebirgen fotografieren können. Am Horizont sieht man die Schlagfronten der Buchenniederwälder zum Zeitpunkt ihrer Umwandlung; im Vordergrund die verschiedenen Altersklassen des Fichtenwaldes, beginnend mit einem Kahlschlag links im Vordergrund, dahinter einen Jungwald nach dem Dickungsschluss sowie rechts einen Stangenwald in Reih und Glied. Alle sind offenkundig aus Pflanzung hervorgegangen und »marschieren« getreu Elias Canettis Spott auf den Betrachter zu. Der Endpunkt dieser Entwicklung ist die Waldendzeit unseres Altersklassenwaldes, die längst angebrochen ist.

Wald kaputt

Der bedeutendste Maler der deutschen Renaissance war Albrecht Dürer (1471–1528). Er malte 1495/96 ein waldgeschichtlich bemerkenswertes Aquarell. Es ist ein Zeugnis meisterlicher Urheberschaft frühester Aquarellmalerei, die in einem Atemzug mit Turner und anderen Meistern des Genres, die aber rund 400 Jahre nach ihm lebten, verglichen wird.

Das lange Zeit schlicht als *Der Weiher im Walde* bezeichnete Aquarell lässt sich nur vorsichtig verorten. Es ist vermutlich, und wie üblich bei vielen Malern seiner Zeit, in Grundzügen auf einer seiner Reisen angelegt und später im Atelier von ihm

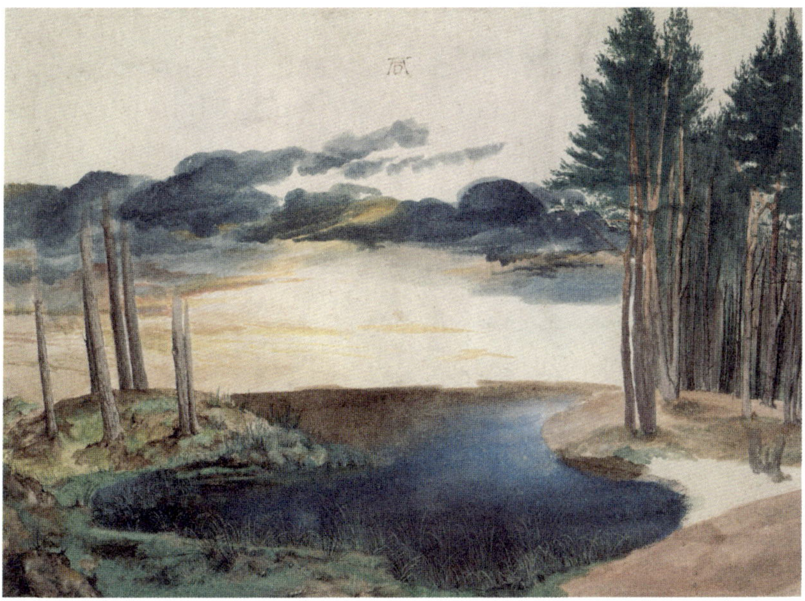

Albrecht Dürer, Der Weiher im Walde (um 1495/96)

vervollständigt worden. Spätestens ab September 1494 begab sich Dürer auf eine erste Italienreise nach Venedig, von wo er im Jahr 1495 nach Nürnberg zurückkehrte. Sein Weg führte über Augsburg, Landsberg am Lech, Mittenwald und über Innsbruck nach Venedig und zurück. Seine Alpenquerung bis zum Ziel Venedig interessiert uns in diesem Zusammenhang nicht, denn das Aquarell gibt keine alpine Landschaft wieder, ja nicht einmal eine hochmontane Gebirgslandschaft über 800 bis 1000 Metern über NN.

Er kam zunächst an der Oberpfalz vorbei, die als das Ruhrgebiet des 15. Jahrhunderts bezeichnet wird, denn sie war das Zentrum der Waffenschmiede des Heiligen Römischen Reichs. Allein rund 200 Eisenhämmer rauchten in den Wäldern und verbrauchten riesige Mengen des Laubholzes zur Holzkohlegewinnung, was das vorhandene Nadelholz zunächst verschonte. Nur 50 Jahre nach Dürers Gemälde brach darum eine erste echte Energiekrise aus, weil die bevorzugten Laubhölzer überall übernutzt worden waren.

Das Gemälde zeigt im Gegensatz zum irreführenden Titel der Kunstgeschichte auch keinen Waldweiher, sondern eine hochmoorige und flachgründige Wasserfläche in einer schwach welligen, fast ebenen und locker mit Wald bestandenen Landschaft. Sie findet man an vielen Stellen des Alpenvorlands und seltener im Bayrischen Voralpenland, durch die ihn sein Reiseweg führte. Es handelt sich dabei um eine Landschaft, die bereits seit Jahrhunderten besiedelt und sukzessive in frühe Kulturlandschaften umgewandelt wurde. Diese historische Landschaftsnutzung ließ den Wald nirgends unangetastet.

Der im Bild dargestellte Wald ist deswegen auch kein natürlicher und schon gar kein jungfräulicher Naturwald mehr. Wälder in Siedlungsnähe und in schwach geneigten Landschaften wurden bereits in den Jahrhunderten vor Dürer regelmäßig zur Holznutzung herangezogen – insbesondere nach Priorität der, durch die Geländemorphologie begünstigte, Bringung des schwer zu manipulierenden Rundholzes. Brennholz wurde deswegen an Ort und Stelle zerkleinert und Stammbauholz mit allen denkbaren Trifttechniken bei Schneelage aus dem Wald gezogen. Der von Dürer rechts im Bild dargestellte, noch scheinbar intakte Wald ist tatsächlich nur der Rest eines solchen von Laubholz und starken Tannen beraubten Bergmischwaldes aus ursprünglich Buche, Bergahorn, Esche, Tanne, Kiefer und auch Fichte. Er bedeckte einst von Natur aus weite Teile der voralpinen kollinen bis submontanen Lagen. Aus ihm gingen dort später die an Baumarten verarmten Wirtschaftsforste von heute hervor. Schon Dürer sah also vorwiegend vermutlich vor allem Kiefern und Fichten, was die Analyse der Bäume auf seinem Bild bestätigt. Er machte also die Reste eines seit Jahrhunderten in seiner natürlichen Struktur stark geschädigten Bergmischwaldes zum Motiv, also einen stark genutzten, halbnatürlichen Nadelwald. Er erinnert an unsere heutigen Nadelholzreinbestände aus Pflanzung, ging aber damals aus einer unregelmäßigen Exploitation des Laubholzes und der Tannen hervor. Verbindende Merkmale des zum Verwechseln ähnlichen Waldgefüges mit unserem heutigen Altersklassenwald sind ihre annähernde Einschichtigkeit, ihr leerer, ausgeräumter Waldinnenraum sowie ihre verarmte

Baumartenzusammensetzung aus nur noch zwei Nadelbaumarten, der Kiefer und der Fichte. Damit waren alle Zutaten ihrer Kalamitätsanfälligkeit gegeben. Und um diese ging es ihm offenkundig, denn er malte auf der linken Seite des Gewässers einen flächig gebrochenen reinen Nadelwaldrest.

Über die Ursache dieser flächenhaften Kalamität können wir nur rätseln. Es scheint ein durch Orkan hervorgerufener flächiger Stammbruch zu sein. Der hätte allerdings auch zu Bruch- und Kronenholz am Boden führen müssen, das bereits genutzt worden sein muss, bevor Dürer aquarellierte. Oder malte er die stehenden Bruchstümpfe ganz bewusst ohne Bruchholz am Boden, um den krassen Antagonismus vom stehenden toten Wald zum noch lebenden zu unterstreichen? Erinnerte ihn dieser Antagonismus von Tod und Leben des Waldes vielleicht an die zu Hause wütende Pest? Denn unmittelbar vor seiner Abreise hatte sie in Nürnberg begonnen, sich pandemisch auszubreiten. Sie raffte zeitgleich zu seiner nur knapp einjährigen Abwesenheit ein Viertel der Bevölkerung der Heimatstadt dahin. Wir wissen nicht, was ihn veranlasste, dieses ebenso denkwürdige wie bedrohliche Aquarell zu malen. Es kontrastiert jedenfalls zu seinen sonst besonders harmonischen, freundlichen Landschaftsaquarellen von derselben Reise. Wir können sein Motiv nur vermuten.

Der Orkan scheint jedenfalls den unmittelbar nebenan stehenden Sekundärwald (rechts im Bild) messerscharf verschont zu haben. Beide, der gebrochene Wald links wie auch der noch unbeschädigte rechts, waren indessen stark verarmte, labile Naturwaldreste, die ihre natürliche Waldstruktur lange zuvor verloren hatten. Dürer stellte also kaum zufällig die beiden Erscheinungsphänomene einschichtiger Waldgefüge nebeneinander. Ob er sie überhaupt in der Natur nahe beieinander, nur durch das wenige Meter breite Gewässer getrennt, in der Realität vorfand, darf man bezweifeln. Er fügte sie vermutlich bildnerisch gezielt zusammen. Freilich konnte er sie waldgeschichtlich noch nicht analysieren, wie es heute möglich ist. Er kannte ja nur die Wälder im morphologischen Gefügezustand seiner Zeit, die er von Kindesbeinen an für natürlich halten musste. Dürer wurde mit diesem Aquarell darum zum ersten bildnerischen Zeitzeugen der Katastrophenanfälligkeit verarmter Waldstrukturen, speziell mit Nadelhölzern. Anders lässt sich dieses aus seinem sonstigen Werk herausfallende Aquarell forstfachlich kaum interpretieren, nämlich als gegensätzliche Darstellung der beiden Waldzustände von einschichtigen Nadelholzreinbeständen. Solche dichotomen Waldzustände markieren auch unsere Altersklassenwirtschaft in der jetzigen Waldendzeit. Wälder sind aber von Natur aus ein gegen Zerstörung resistentes *Kontinuum aus Raum und Zeit* und sollten es im Wirtschaftswald natürlich ebenfalls sein.

Als Folge der sogenannten Jahrhunderttrockenheit der Jahre 2018–2020 sind inzwischen mindestens 650.000 Hektar Kahlflächen im deutschen Wald entstanden, fast ausschließlich in Fichten- und Kiefernmonokulturen. Das entspricht ca. 6 %, also rund einem Siebzehntel der Gesamtwaldfläche, was eine ungeheure, im Detail kaum berechenbare Menge an CO_2 in die Atmosphäre freigesetzt hat. Ganz zu schweigen von der in den Folgejahren beschleunigten Freisetzung der lange zuvor im Boden gespeicherten CO_2-Vorräte. Gleichzeitig verringerte sich die biologische Bindungsfähigkeit durch den Wegfall der assimilierenden Waldfläche um mindestens 8,5 Millionen Tonnen CO_2 je Jahr für die nächsten 20 bis 30 Jahre. Politik, Medien und Forstlobby gaukeln uns zwar vor, man könne nach maschineller Flächenräumung und rasanter Wiederaufforstung diesen Verlust in unserer natürlichen CO_2-Bilanz schnell kompensieren. Das aber ist ein Trugschluss! Der mit Milliarden Euro angefeuerte Pflanzaktionismus ist aus wald- und klimaökologischer Sicht nur ein Trostpflaster. Denn zunächst werden zur technischen Befahr- und Bepflanzbarkeit die humosen Oberböden sowie das Restholz mit schweren Maschinen zusammengeschoben und die letzten Biostrukturen auf der Schadfläche zerstört, der Oberboden verdichtet und die im Auflagehumus schlummernden Baumsamen auf Wällen vergraben. Die Kalamität wird aus Gründen kurzfristiger Kostenersparnis zum Aufbau des nächsten Katastrophenwaldes aus gleich alter Pflanzung gründlich vervollständigt, ohne die Ursache der Kalamität mit einem resilienteren Waldgefüge anzugehen, ja es nicht einmal zu erwägen. Noch immer halten wir ungefähr 50 % unserer Waldfläche in dieser labilen Waldstruktur mit Kiefern und Fichten. Und auch der weit überwiegende Teil unserer Laubwälder ist einschichtig und baumartenarm erwachsen und damit wenig resilient gegen nur leichte Klimaänderungen – insbesondere gegen die in Zukunft häufiger drohende Sommertrockenheit. Ihr Waldbinnenklima ist stark gestört, und ihr Kühlungseffekt beruht allein auf der passiven Beschattung ihres Waldbodens infolge der Ein-

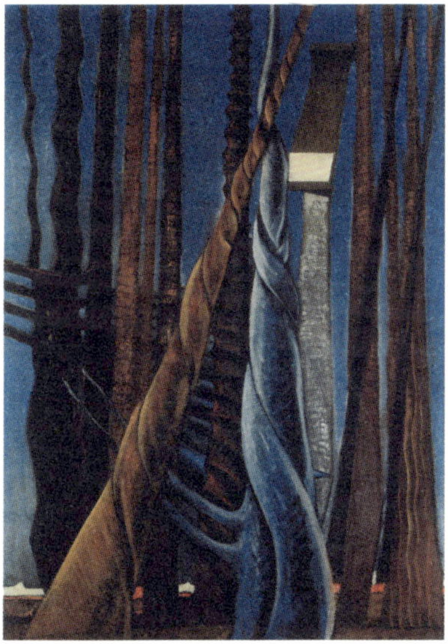

Max Ernst, Wald (1925)

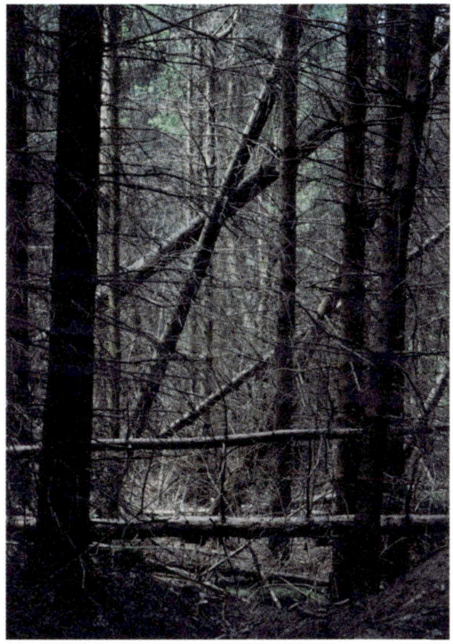

Waldgefüge im Altersklassenwald

schichtigkeit. Tatsächlich aber sind natürliche Wälder aktive Kühlautomaten infolge ihres Verdunstungseffektes im Waldinnenraum. Er wäre von Natur aus weitgehend mit Chlorophyll, das heißt grüner Blattmasse, ausgefüllt.

Und insbesondere die extreme Baumartenarmut unserer Wirtschaftswälder gefährdet sie im Klimawandel. Je höher die Anzahl ihrer Baumarten ist, umso eher könnten sie den Risiken der Zukunft begegnen. Es scheint, unsere Forstwirtschaft befindet sich in einem Teufelskreis und finde keinen Ausweg.

Max Ernst malte das Waldgefüge-Problem unserer Wälder bereits 1925 in seinem Gemälde *Wald.* Man könnte meinen, er habe das hier abgebildete Foto des Fotografen Rainer

Kant aus dem Jahr 2023 100 Jahre vorausgeahnt. Tatsächlich durchwachsen alle Altersklassenwälder diese viele Jahrzehnte währende Phase ihres Heranwachsens in derart armen und scheintoten Strukturen, in denen sie leichtes Opfer biotischer und abiotischer Risiken werden. Bei jeder Baumart entspricht eine konkrete Altersstufe ihrem primär altersabhängigen Gefährdungspotenzial, zum Beispiel brennen die 30- bis 80-jährigen Kiefern wie Zunder. Oder Fichtenreinbestände im Alter von 60 bis 90 Jahren sind in typischer Weise leichtes Opfer hoher Windgeschwindigkeiten und nachfolgend des Borkenkäferfraßes etc. Wahr ist: Eine homogene Fraßstruktur erschafft sich stets auch eine homogene Fresserstruktur. Eine banale Erkenntnis, die jeder Gartenfreund bestätigen wird. Unsere Forste sind wegen der zahlreichen ideologischen Fehler der Altersklassenwirtschaft alles andere als zukunftssicher, sondern im Klimawandel eine gewaltige Hypothek. Nach der bundesweiten Schadanalyse vom Frühjahr 2024 zeigen bereits vier von fünf Bäumen äußerlich sichtbare Vitalitätseinbußen, sind also in naher Zukunft umso leichteres Opfer zahlreicher Risiken.

Dass das biologische Grundproblem bis heute verkannt wird, Holz besser nicht nach dem Holzanbau-Prinzip wie auf einem Holzacker zu erzeugen, machen die jüngsten Entwicklungen in der Forstwirtschaft deutlich. Erst seit wir in den Medien verstärkt über den Klimawandel informiert werden, also seit etwa 30 Jahren, haben vor allem die öffentlichen, dem angeblichen Gemeinwohl verpflichteten Waldbesitzer nicht nur ihre Forstwirtstellen, die Waldarbeiter, radikal um 60 bis 80 % abgebaut,

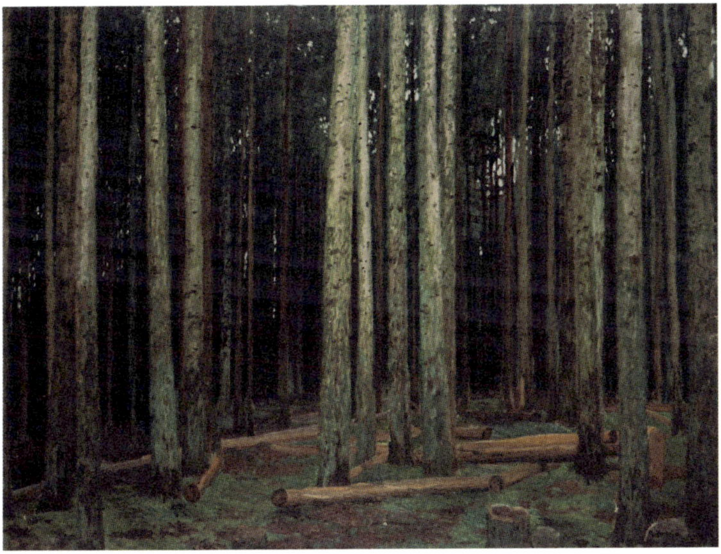

Antonin Hudecek, Im Waldesinneren (1941) © gemeinfrei

sondern sie auch noch durch schwere Holzerntemaschinen ersetzt. Mit Galgenhumor reden Förster deswegen davon, es gäbe immer mehr akademische Häuptlinge in den Ministerien und Forstämtern als Indianer an der Waldarbeitsfront, wo der Wald von morgen gebaut werden soll. Sie haben recht!

Der Maler Hudecek malte 1941 einen Durchforstungsschlag, wie er die Holzernte europaweit bis vor 30 Jahren kennzeichnete. Diese selektive Form der Holzernte besaß eine geringe Eingriffstiefe in die Biologie des Kulturökosystems, gepaart mit einem geringen Arbeits- bzw. Zerstörungsfortschritt hinsichtlich der anfallenden Holzerntemasse. Ein durchschnittliches Forstrevier hatte darum ca. sechs bis acht Stammarbeiter, die vorwiegend in der Holzernte bei gutem Verdienst eingesetzt wurden. Es handelte sich um sichere ländliche Arbeitsplätze. Die Holzbringung zum Lkw-Lagerplatz erfolgte als Langholz durch die Seitbringung örtlicher Landwirte, die im Winter ihre Dreipunktschlepper mit Seilwinden auf den Forsteinsatz technisch umrüsteten und so einen auskömmlichen Zuerwerb hatten oder die Holzbringung sogar mit Pferden betrieben. Beide Verfahren wären auch heute noch die modernsten, weil die sanftesten Betriebstechniken, die dem Wald nicht schaden.

Doch die homogene und schematische Waldstruktur ist für den Altersklassenwald typisch. Sie führte allmählich zur Nutzung unserer Wälder durch immer größere Kahlhiebe, die zunächst nur kleinflächig waren. Diese Holzernte durch Kahlhieb, der GAU jeglicher Waldökologie, ihre Totalvernichtung, übernehmen inzwischen der Waldbrand, der Borkenkäfer, die Sommertrockenheit und *Forstmeister Sturm*. Sie abzuwenden liegt allein in der Hand der Förster und Waldbesitzer, nämlich einen anderen, stabileren Forst zu bauen, der den Begriff Wald verdient.

Sarah Kirsch (1935–2013)

DER WALD

Motorsägen heulen,
Wo Schatten war, Himmel.
Tag- und Nachtgestirn. Die zärtlichen Moose
Perlgras Schlafmohn und Thymian
Fragen warum denn
Immer nur mein Fuß?

Dass jeder Holzeinschlag schon mit Muskelkraft eine aggressive Form der Waldnutzung sein kann, malte Ferdinand Hodler 1910 in seinem Gemälde *Holzfäller*, der einen Kahlhieb ausführt. Jede Holznutzung tötet einen lebenden Baum. Nichts anderes will uns Sarah Kirsch in Erinnerung rufen. Sie mahnt also unsere Verantwortung dabei an.

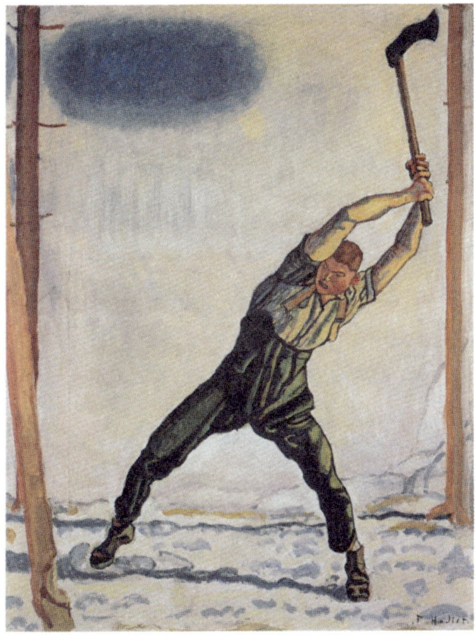

Ferdinand Hodler, Holzfäller (1910)

Um wie viel aggressiver ist heute die maschinelle Holzernte, wenn man ihre Eingriffstiefe in das Waldökosystem und ihren enormen Arbeitsfortschritt einbezieht? Ethisch unverantwortlich ist die maschinelle Holzernte vor allem wegen ihrer Bodenverdichtung. Die Maschinen wiegen meistens ca. 20 bis 35 Tonnen, die schwersten sogar bis zu 70 Tonnen, und verdrücken deswegen das Porenvolumen unter ihren Reifen bis in die Tiefe des durchwurzelten Bodens. Das Porenvolumen entscheidet aber über den zur Verfügung stehenden sommerlichen Wasservorrat. Die biologische Bodenlebewelt ist nach nur einmaligem Befahren nicht mehr in der Lage, diesen biologischen Schaden noch in unserer Zeit wieder aufzuarbeiten. Sie braucht viele

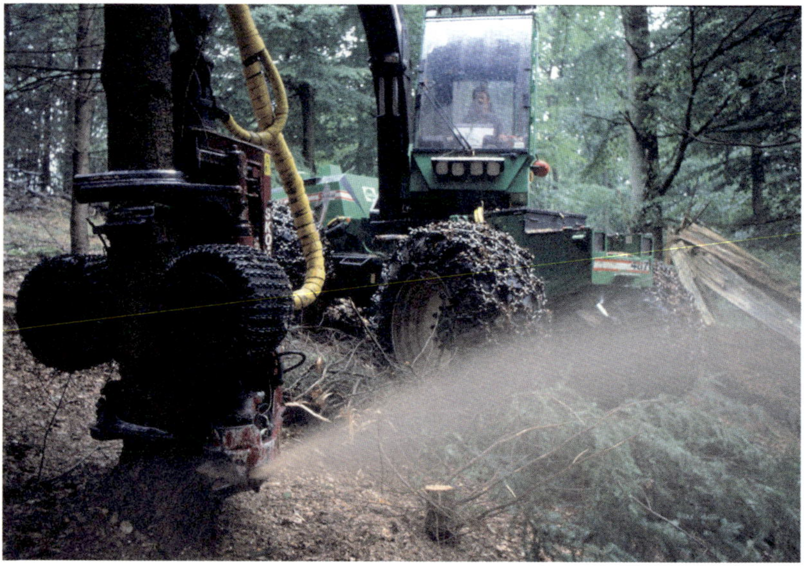

Aktuelle Holzerntemaschine im Einsatz – mit verheerenden Folgen für die Bodenlebewelt

Jahrzehnte dazu. Um diese biologische Vergessenheit moderner Forstwirtschaft auf die Spitze zu treiben, wurden auch noch die Wälder im Abstandsraster von 20 Metern zerschnitten, um den Greifarmen der Maschinen jeden Quadratmeter eines Waldes zugänglich zu machen. Faktisch kommt das einer Waldumwandlung von einem Fünftel unserer Waldfläche in ein totes, verdichtetes Maschinenfahrnetz gleich, welches bodenbiologisch einer Autobahn oder einer Flugzeuglandebahn entspricht – allerdings im Wald ohne vorherige öffentlich-rechtliche Genehmigungspflicht.

Heute lassen sich diese Maschinen trotz ethischer Unverantwortlichkeit kaum mehr wegdenken – eine forstpolitische

Sackgasse sondergleichen wurde geschaffen, und aus biologischer Sicht die mit Abstand größte, im Boden unsichtbar verborgene Waldumwandlung seit Menschengedenken – und das zeitgleich zur Klimadebatte und ohne jeglichen Protest der Umweltverbände. Es ist wie in Goethes *Zauberlehrling* mit den Geistern, die man rief und deren man nicht mehr Herr wird. Jetzt lohnt sich umso mehr, die Transformation der vorher auf klimafreundliches Nutzholz zielenden Langholzerzeugung auf eine leicht mechanisierbare Brennholzerzeugung im großen Stil auszurichten. Statt Holz im Sprachsinn stehen mehr und mehr nur noch sein Energiegehalt oder seine Faser im Fokus der forstlichen Holzerzeugung.

Schon heute werden mehr als 50 % des deutschen Holzeinschlages verfeuert, obwohl die Energiegewinnung aus Holz mit Abstand die klimapolitisch ungünstigste ist. Inzwischen ist die industrielle Herstellung von Pellets einer der größten Waldvernichter auf dem gesamten Globus, und das unter dem Vorwand, Klimaschutz betreiben zu wollen. Das hieße aber, Nutzholz zu erzeugen, um daraus langlebige Produkte herzustellen und am besten Häuser daraus zu bauen. Das könnte ein gewaltiger Klimaschutzbeitrag unseres Waldes sein, der alles politische Gerede um ein Vielfaches überträfe.

Wollen wir auch in Zukunft eine sich selbst tragende Holzerzeugung im Wald, die auf das klimagünstige Stamm- und Nutzholz ausgerichtet ist, muss das Brennholz nicht Zielprodukt, sondern wieder ein Zwangsprodukt der Holzerzeugung werden. Das früher traditionelle Kuppelprodukt Brennholz der historischen Waldwirtschaft würde auch in Zukunft ausreichen, den lokalen Heizbedarf im ländlichen Raum zu decken. Energiepolitisch unverantwortlich sind weder das Verbrennen von Holz als Scheit im Zierkamin oder Kachelofen noch der Energiebedarf eines Waldbesitzers, sondern allein die großmaßstäbliche, industrielle Aufbereitung zum homogenisierten Brennstoff in Konkurrenz zu den technisch erneuerbaren Energieträgern wie Windkraft oder Solarenergie.

Schlichter, aber auch eindringlicher kann man das gewaltige Zukunftsproblem des Artensterbens im Wald nicht darstellen als Max Ernst und Sarah Kirsch, die sich jeder in ihrer jeweiligen Kunst dazu verabredet zu haben scheinen.

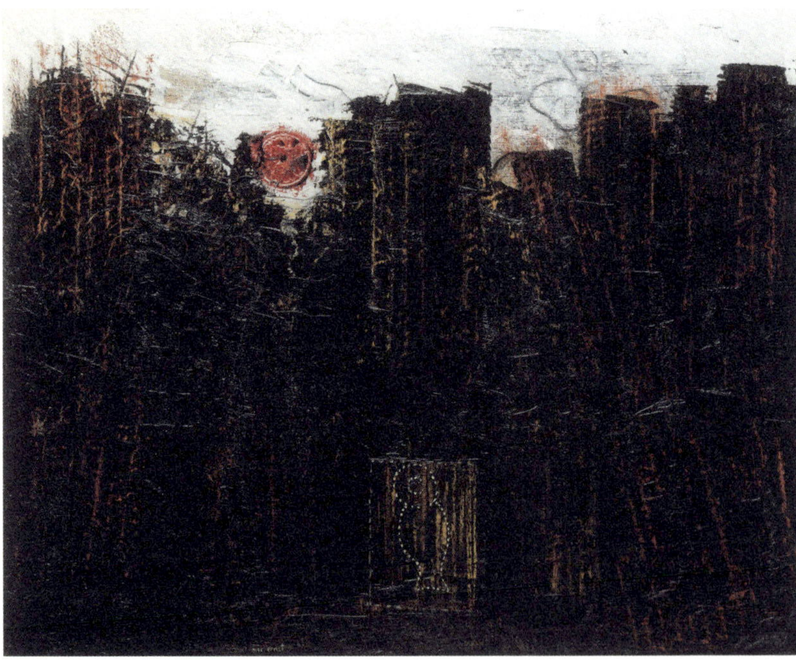

Max Ernst, Der Vogel im Wald (1927)

Sarah Kirsch (1935–2013)

BÄUME

Früher sollen sie
Wälder gebildet haben und Vögel
Auch Libellen genannt kleine
Huhnähnliche Wesen die zu
Singen vermochten schauten herab.

Der Surrealist Max Ernst malte im Jahr 1927 ein Waldgemälde mit dem Titel *Der Vogel im Wald,* das ein Schlaglicht auf einen ganz anderen Aspekt unserer heute sterbenden Wälder wirft, ihr Artensterben. Es zeigt einen einsamen Vogel, eingezwängt in einem Käfig und umgeben von einem bedrohlich wirkenden Bretterwald ohne jegliches Grün. Er griff einer anderen Problematik unserer sterbenden Waldnatur vorweg, die unbemerkt, aber von wesentlich größerer Bedeutung ist als der Artentod in unserer industrialisierten Agrarlandschaft. Handelt es sich bei Letzterem um den ebenso katastrophalen Rückgang kulturfolgender Artenvielfalt, trauern wir im Forst um unsere endemischen Arten, die sämtlich an einen naturnäheren Wald in Europa gebunden sind. Beim Artensterben in der Agrarlandschaft handelt es sich um einen gegebenenfalls politisch aushandelbaren Verlust, beim Artensterben im Wald jedoch um eine ethische Grundherausforderung, die zu erfüllen sich der Nationalstaat auf dem Papier gegenüber der Weltgesellschaft seit der Klimakonferenz in Rio de Janeiro 1992 verpflichtet hat. Die meisten unserer Waldarten kommen nirgends anders auf der Welt vor als eben in unseren natürlichen, temperierten Laubmischwäldern beziehungsweise dem kümmerlichen Rest, den wir davon übrig gelassen haben. Wir tragen eine höchst nationale Verantwortung gegenüber der Welt, sie zu erhalten, und wären im Wirtschaftswald gleichzeitig die Gewinner eines wirksamen Schutzes unserer waldgebundenen Artenvielfalt.

Wenn es ein unbestreitbares Menetekel der Naturferne unserer Forste gibt, dann sind es die Roten Listen dieser waldgebundenen Arten. Zu trauriger Berühmtheit hat es der Rotmilan gebracht, unser ursprünglich mal verbreitetster Greifvogel, der aktuell durch den Bau von Windkraftanlagen im Wald ganz neuartigen Gefahren ausgesetzt wird. Rund 60 % seines ohnehin geringen Weltbestandes leben in den winzigen Resten unserer Altbuchenwälder, dem einstigen Zentrum seiner natürlichen Verbreitung. Und ähnlich sieht es mit allen anderen waldgebundenen Arten im Wald aus. 60 bis 80 % sind hoch gefährdet, unabhängig davon, ob es sich um Waldsingvögel, Waldhühner, Totholzkerfe, Waldkräuter, Fledermäuse, Wildbienen, Pilze, Flechten oder Wald-Kleinsäuger handelt. Sie alle werden uns schon in den nächsten Jahrzehnten verlassen, wenn sich nicht Entscheidendes ändert. Sie konnten sich in unseren Wirtschaftswäldern bis vor wenigen Jahrzehnten noch halten, bis sich der Prozess der Technisierung und Homogenisierung erst in den letzten drei Jahrzehnten vollends beschleunigte. Das Zerstörungswerk scheint heute vollbracht zu sein, auch dank der jüngsten Hochmechanisierung, der Brennholzintensivierung, des Baus von Windkraftanlagen im Wald und der waldbaulichen Lernunwilligkeit der politisch geführten öffentlichen Forstwirtschaft. Der ungebrochene Rückgang unserer waldgebundenen Arten ist das ethisch am wenigsten verantwortbare Menetekel einer erschreckenden Naturvergessenheit unserer Politik. Nicht beliebig große Waldstilllegungen, wie es viele Naturschutzverbände fordern, sind das Gegenmittel, sondern eine verantwortbare Holzerzeugung im Dauerwald, die sich für den Waldbesitzer sogar besser rechnet als jeder Altersklassenwald.

Wo liegt das deutsche Problem, wenn andererseits weltweit die Wälder ohnehin zu sterben beginnen, wie die täglichen Schreckensnachrichten signalisieren? Das scheint unseren deutschen, seiner überschaubaren Waldfläche nach winzigen Beitrag zu dieser biosphärischen Katastrophe zu relativieren. Tatsächlich tragen wir aber eine vielfach höhere Verantwortung als alle großen Waldnationen der Welt. Nicht nur, weil sich unsere CO_2-Emissionen in der Atmosphäre seit der Industrialisierung angereichert haben und das Problem heute mit auslösen. Sondern weil wir es waren, die der Welt 100 Jahre lang die naturferne Altersklassenwirtschaft als nachhaltig gepriesen haben, sie uns glaubte und uns gefolgt ist. Es gilt also, unsere forsthistorische Altlast zu bereinigen, indem wir der Welt zeigen, wie man mithilfe des vor schon 100 Jahren in Deutschland entwickelten Dauerwaldes die Holzerzeugung volkswirtschaftlich erfolgreich und klimastützend organisieren kann – eine waldbauliche Methode, die sich wegen ihres systemischen Vorgehens überall auf der Erde problemlos anwenden ließe.

Dauerwald – die Zukunft unseres Waldes

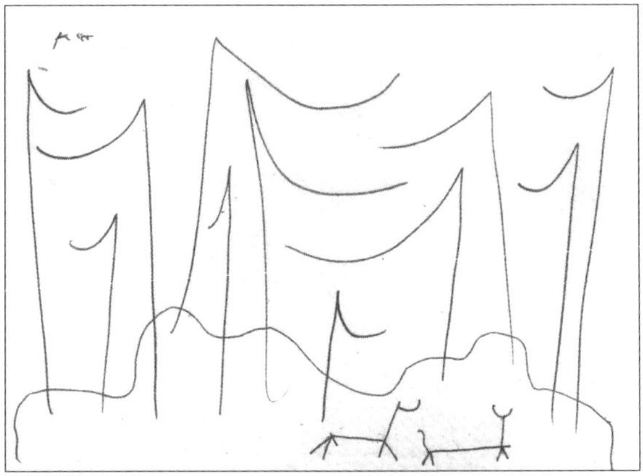

Paul Klee, Wollen fruchtbar sein, Ausschnitt (1939)

Mit seiner unvergleichlichen Fähigkeit, Strukturen zu abstrahieren, zeichnete Paul Klee 1939 einen Nadelwald, vermutlich aus seiner Heimat im Grenzgebiet der Schweiz. Er unterscheidet sich deutlich von den schematischen Strukturen unserer Altersklassenwälder. Da tanzen die Bäume beschwingt miteinander. Es scheint ein Einvernehmen kleiner und großer Bäume zu sein, die sich ein und denselben Lebensraum friedlich miteinander teilen – ein harmonisches »Drüber und Drunter« und nicht einer gegen alle. Klee malte einen *Plenterwald*, der eng mit dem Dauerwald verwandt ist. Obwohl forstgeschichtlich wesentlich älter, ist er tatsächlich ein Unterfall nach der Dauerwald-Theorie, die Alfred Möller erst 1920 konzipierte. Es lohnt sich darum, den Plenterwald und seine Entstehungsgeschichte ab dem 15. Jahrhundert näher kennenzulernen.

Das Gemälde Albrecht Altdorfers (um 1480/82–1538) mit dem heutigen Titel *Donaulandschaft mit Schloss Wörth* ist das erste echte Landschaftsgemälde in der Geschichte der Ölmalerei. Tatsächlich verzichtete Altdorfer erstmals auf die bis dahin übliche religiöse Personenstaffage und gewährt uns einen Blick in eine Waldlandschaft, die wir, wie schon bei Dürers Aquarell *Der Weiher im Walde* (S. 99), als einen halbnatürlichen, stark übernutzten Sekundärwald erkennen. Man sieht vor dem Hintergrund entwaldeter Berge rechts im Mittelgrund einen lückig bewaldeten Hang mit einigen höheren Nadelbäumen und in der nachwachsenden Unterschicht deutlich jüngere Nadel- und Laubbäume. Im Vordergrund rahmen zwei mächtige Buchen die Landschaft ein und lassen erahnen, dass es sich auch bei den jüngeren Laubbäumen im Mittelgrund um Buchen handeln muss. Dieser Waldzustand dürfte für die Zeit des 15. und 16. Jahrhunderts in den süddeutschen Mittelgebirgen als typisch anzusehen sein. Sie wurden mehr oder weniger

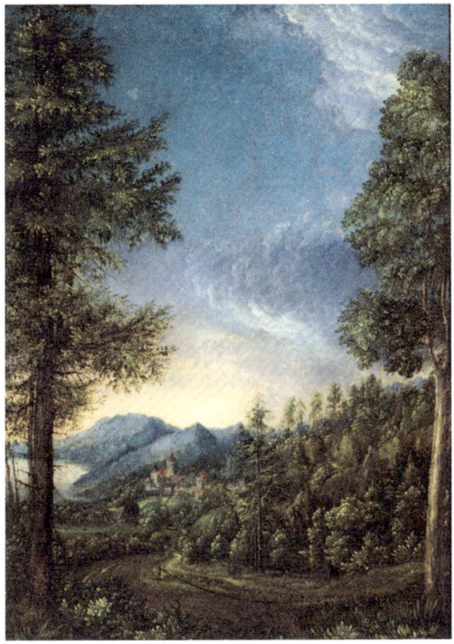

Albrecht Altdorfer, Donaulandschaft mit Schloss Wörth (um 1522)

ihres Baumoberstandes beraubt und weisen infolgedessen im Unter- und Zwischenstand eine natürliche Waldverjüngung auf. Solche Darstellungen markieren die Geburtsstunde einer speziellen bäuerlichen Waldwirtschaft, des Plenterwalds, wie er sich bis heute vor allem im Schwarzwald und auch in der Schweiz erhalten hat – allerdings stets in bäuerlicher Hand. Der Holzbedarf des landwirtschaftlichen Betriebs wurde nach Bedarf aus dem Wald herausgeschlagen, indem man das starke Oberholz nutzte und alles Schwächere wachsen ließ, wie die Natur es wollte. Diese später als Plünderung des wertvollen Oberholzes bezeichnete Nutzung wurde in den Waldbauernfamilien über Jahrhunderte hinweg verfeinert und in eine streng geregelte Pflege der Struktur und des Oberstandes überführt.

Sie trägt seit dem 19. Jahrhundert die Bezeichnung *Plenterwald,* die man in Deutschland in ihrer beeindruckendsten und schönsten Form in Wäldern rund um Freudenstadt im Schwarzwald tatsächlich erleben kann. Wenige Promille des deutschen Waldes sind solche Nadelholz-Plenterwälder, und sie sind diejenigen, die so gut wie nicht unter den Katastrophen der vergangenen Jahrzehnte zu leiden hatten. Sie sind bis jetzt offenkundig klimastabil, obwohl sie sogar auf relativ höhere Niederschläge angewiesen sind. Sie überzeugen nicht nur durch ihre Ästhetik, sondern sind auch besonders ertragreich und sicherten so über Jahrhunderte das Einkommen der Bergbauern mit Wald- und Landwirtschaft als lebende Familiensparkasse. Ihre Nutzung findet ausschließlich einzelstammweise durch selektive Nutzung der Oberständer unter genauer Beachtung der Stärken- und Höhendifferenzierung statt. Wegen der notwendigen Schattenerträgnis der natürlichen Waldverjüngung in allen Alters- und Stärkestufen sind sie überwiegend aus Fichten und Tannen aufgebaut, was aber nicht ausschließt, dass auch einzelne Buchen und Bergahorne sowie andere Laubbäume mitunter anzutreffen sind. Ihr häufig dominierender Fichtenanteil erfordert allerdings Jahresniederschläge von mindestens 900 bis 1000 mm, weswegen man sie nur ab einer bestimmten Höhenlage in den Gebirgen des Oberrheingrabens vorfindet. Der Erhalt der Plenterwälder wird waldbaulich allerdings als schwer erlernbare Kunst angesehen, was angesichts der über Generationen mündlich weitergegebenen Familienerfahrung verständlich ist.

Entsprechend ihrer gemeinsamen Entstehungsgeschichte aus unregelmäßiger Exploitation waren sie ursprünglich einmal im gesamten süddeutschen Raum verbreitet und hielten sich vereinzelt bis in die Zeit Caspar David Friedrichs. Es war die rationelle, meist landesherrliche Forstwirtschaft, die sie ab 1800 als bäuerliche *Plünderwirtschaft* verunglimpfte und später regelrecht bekämpfte. Sie widersprach ihrem Ordnungssinn und dem Schema ihres vermeintlich nachhaltigen Nutzungsplans, dem Flächenfachwerk. Es ist sicher kein Zufall, dass Caspar David Friedrich darum einen solchen, zuvor seiner starken Tannen beraubten Fichten-Plenterwald zum Objekt seines Gemäldes *Der Morgen* (S. 142) machte. Es ist eine geradezu mustergültige Darstellung der in seinem engeren Umfeld des Böhmerwaldes, des Riesen- und Erzgebirges bereits damals weitgehend aufgegebenen Fichten-Tannen-Plenterwälder. Das Bild vermittelt lehrbuchhaft ihre Höhen- und Stärkendifferenzierung im Zwischen- und Oberstand im deutlichen Kontrast zu den einschichtigen Kiefernwäldern der drei anderen Bilder seines berühmten Tageszeitenzyklus, insbesondere zu dessen viertem Bild *Der Abend* mit der erstmaligen Darstellung eines Kiefern-Altersklassenwaldes (S. 142/143).

Caspar David Friedrich muss als aufmerksamer Beobachter ihre Eigenart der in der Höhe stark differenzierten Wälder aufgefallen sein – ihre sogenannte Kronenmorphologie, denn sie erzeugt Niederschläge quasi selbst. Die im rauen Kronendach festhängenden Wolken kondensieren bei Sonnenaufgang in den Kronen der Bäume und regnen ab. Der gleiche Effekt stellt sich hinsichtlich des morgendlichen Taus ein sowie immer dann, wenn hohe Luftfeuchte das Kronendach durchweht. Das lässt sich in den Plenterwäldern des Schwarzwaldes sehr gut beobachten und ist für den kontinuierlichen Feuchtigkeitshaushalt als bedeutsam einzuschätzen. Da sich die Forstwissenschaft als Kind der forstlichen Aufklärung aber kaum der Morphologie und Struktur der Dauerwälder, ihrem Waldgefüge im Vergleich zum Altersklassenwald widmet, ist dieser Effekt wie viele andere bisher unerforscht geblieben. Sie erblindete gewissermaßen von Geburt an gegenüber den Vorteilen stark strukturierter Waldgefüge, die allerdings in stets ungleichaltrigen Naturwäldern als natürlich anzusehen sind. Erfahrene Dauerwaldpraktiker schwören auf diese im Wald immer wieder bestätigte Empirie hinsichtlich dieses Niederschlageffektes. Die sogenannten Dauerwald-Altpäpste – so werden die alten Forstbetriebsleiter der Alt-Dauerwaldbetriebe genannt, die sich gegen die herrschende Zunft durchzusetzen hatten – schätzten ihn auf mehr als 20 % gegenüber den Bestandsniederschlägen im Altersklassenwald. Dessen einschichtiges Waldgefüge minimiert hingegen in vielfacher Weise, und nicht nur dadurch, den Feuchtigkeitshaushalt sowohl im Bestandsinneren wie auch im Oberboden. Nicht zuletzt deswegen haben sich vielschichtige Wälder während der extremen Sommertrockenheit 2018–2020 sehr gut gehalten. Es sind diese und andere kaum erforschte Effekte der Plenter- und Dauerwälder, die für ihre Resilienz gegen Sommertrockenheit entscheidend sind.

Speziell machen die heimischen Weißtannen den Plenterwald dauerhaft waldbaulich stabil und ertragreich. Sie erreichen darin Altersstufen, wie sie im Altersklassenwald als unerreichbar gelten. Sie ragen deswegen weit über das Kronendach hinaus, was die geschilderten Effekte der Tauauswaschung noch verstärkt. Allerdings sind sie damit massiv dem Immissionseintrag von Luftschadstoffen ausgesetzt, die den Wind wie ein Kamm ausfiltern. Ebendieser Effekt machte Ende der 60er-Jahre des letzten Jahrhunderts auf sich aufmerksam, als die Alttannen des Schwarzwaldes als erste Baumart verlichtete Kronen zeigten und das jährliche Dickenwachstum, erkennbar an der Jahrringbreite, einstellten. Zahllose Wissenschaftsdisziplinen machten sich an die Ursachenforschung und fanden heraus, dass der sogenannte *saure Regen*, also der Schwefeldioxidgehalt in der Luft, den Niederschlag versauerte. Er stammte aus den Abgasen unter anderem der Pkws und wurde mithilfe technischer Innovationen um mehr als 90 % reduziert. Entsprechend begannen die Tannen Anfang der 80er-Jahre wieder volle grüne Kronen auszubilden und normale Jahrringe anzulegen. Das Problem des Waldsterbens I schien gelöst. Es zeigte, dass es uns technisch gelingen kann, bedrohlichen Problemen unserer Zivilisation durch politische Entscheidungen zu begegnen. Vor allem, wenn es unsere volkswirtschaftliche Wertschöpfung, also unseren Wohlstand, nicht reduziert, können wir offenbar erfolgreich sein.

Doch zeitgleich zu dieser Erfolgsgeschichte musste man feststellen, dass sich unsere Alttannen trotz regelmäßigen Samenwurfs seit Jahrzehnten nicht mehr zu verjüngen schienen. Wo blieb der Samen, der zu Abermillionen jährlich herabregnete? Die Frage war schnell beantwortet, als man probeweise begann, einige Alttannen einzuzäunen.

Es war die *kleine braune Heckenschere,* das anmutige Reh, das sich die Tannenkeimlinge kurz nach ihrem Aufgehen am Boden jede Nacht schmecken ließ, bis nichts mehr übrig blieb. Nicht die Förster und Waldbesitzer, sondern das kleine Leckermaul bestimmte seit Langem die Zusammensetzung unserer Wälder.

Womit man erneut bei der jagdpolitischen Erblast der NS-Zeit ist, nämlich der widernatürlichen, weidgerechten Hegejagd des neofeudalen Reichsjägermeisters Göring. Gesetzlich geändert hat sich seitdem als Folge der politischen Nachgiebigkeit gegenüber einer wohlhabenden Jagdlobby bis heute nicht viel. Man lässt die Waldbesitzer mit dem Problem allein, und wir treffen immer häufiger auf das einzige Gegenmittel im Wald, das ihnen bleibt – Zäune. Könnten die Tannen, die Edellaubbäume und die Eichen laut schreien, wie es im Buch über *Das geheime Leben der Bäume* postuliert wird, der ohrenbetäubende Lärm würde bis in den Bundestag hallen.

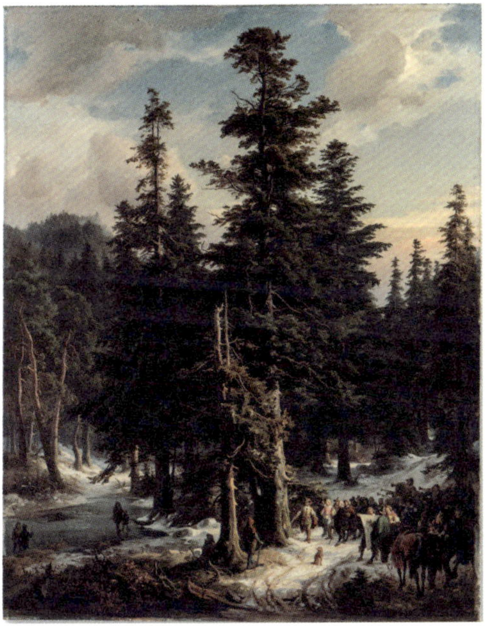

Friedrich Preller d. Ä., Fällung des ersten Baumes für den Schlossbau im Thüringer Wald (um 1850) © Klassik Stiftung Weimar, Museen, Inv.-Nr.: G 1198, Foto: Alexander Burzik

Nun hat sich angesichts des Klimawandels das Luxusproblem der Hobbyjagd, also nicht eines notwendigen Erwerbszweigs, noch weiter verschärft. Schon seit dem 15. Jahrhundert wurden unsere heimischen, von Natur aus tannenreichen Bergmischwälder Süd- und Südostdeutschlands systematisch auf das für den Haus-, Schloss- und Schiffbau sehr gut geeignete Tannenholz durchhauen. Friedrich Preller d. Ä. (1804–1878) malte den denkwürdigen Augenblick, in dem just eine der letzten Alttannen im Thüringer Wald für den Schlossbau unter Fanfarenklängen gefällt wird.

In den fürstlichen Bannforsten zu Jagdzwecken gab es natürlich auch damals schon zu viel Schalenwild, was ihre natürliche Verjüngung verhinderte. Die langfristige Folge war eine zunehmend rasante Abnahme der heimischen Weißtannen bis zur Zeit des Waldsterbens I, in der sie auszusterben schienen. Dieser über Jahrhunderte anhaltende gravierende Verlust einer heimischen Baumart ist eine historische Erblast im Klimawandel. Denn es ist die Tanne unter allen unseren Bäumen, die offenkundig auch mit längerer Sommertrockenheit besonders gut zurechtkommt. Jetzt bräuchten wir sie als Ersatz für die Fichten, die vormaligen Brotbäume der Forstwirtschaft. Sind Letztere vor allem deswegen gefährdet, weil sie extreme Flachwurzler sind, sind Weißtannen ausgesprochene Pfahlwurzler, die sich wasserführende Schichten in der Tiefe erschließen können. Auch ist ihre Nadelstreu im Gegensatz zu den lebensfeindlichen Fichtennadeln bodenpfleglich. Zudem liefert sie auch noch besseres Nutzholz als die Fichte, was ja gerade zu ihrer historischen Übernutzung führte. Doch wie häufig im Waldleben, macht die Tanne das bedenkenlose *»Heute so und morgen so!«* nicht mit. Sie ist zwar nicht besonders anspruchsvoll, wie zum Beispiel unsere Edellaubbäume, doch will sie beschützt und im Verbund des heimischen Waldes, in einem Mehrgenerationenhaus, heranwachsen. Sie liebt den Halbschatten und die Windruhe im milden Waldbinnenklima, was ihr der Altersklassenwald nicht bieten kann. Mit anderen Worten: Sie fordert eine Waldwende zum Dauerwald, wenn wir sie zurückgewinnen wollen!

Wer den Plenterwald mit dem Dauerwald vergleicht, könnte meinen, es handele sich um ein und dasselbe. Tatsächlich ist er nur ein Unterfall des Dauerwaldes. Alfred Möller, der Begründer der Dauerwaldidee, betonte das gerade deshalb, weil er großen Wert auf das Verständnis seines Dauerwaldgedankens legte. Sein berühmter Obersatz lautete: *Das Holz muss geerntet werden wie eine Frucht, der Wald aber muss bleiben.* Er gilt für beide und bezeichnet ihre Gemeinsamkeit, die Dauerhaftigkeit des Waldes. Damit meinte er das, was schon Humboldt rund 80 Jahre vor ihm ebenfalls am Amazonas formulierte, die *Harmonie* des Waldes oder seine *Stetigkeit.* Für den Autor dieses Buches meinte er damit in systemwissenschaftlicher Sprache ausgedrückt das *Kontinuum aus Raum und Zeit* eines jedes Waldes. Es muss im naturfernen Forst zurückgewonnen werden, um mit ihm dauerhaft Holz aus sich selbst heraus erzeugen zu können. Wie anfangs ausgeführt, ist der Dauerwald ein systemischer Ansatz zur Holzerzeugung und kein Holzanbau auf dem Holzacker nach der simplen Devise: pflanzen, wachsen und ernten. Er verfolgt das Produktionsziel eben nur mittelbar, nämlich systemisch durch die auf Seite 41/42 genannten fünf Teilziele. Sie führen tatsächlich nach spätestens 45 Jahren zur Gesundheit des Waldes, zum Dauerwald, der aber von Beginn seiner Überführung an jedes Jahr die Holzerzeugung weiter leistet, denn sie erfolgt ausschließlich durch den kahlschlagfreien Holzeinschlag nach neuen Regeln und anfänglich sogar durch Mehreinschlag. Dieses Ergebnis ist hundertfach in Deutschland, in einigen wenigen Altbetrieben sogar seit 100 Jahren, als besonders rentabel belegt. Das Geheimnis ist die Rückgewinnung der systemischen Produktionskräfte eines gesunden Waldes, die alle früher notwendigen Eingriffe und Kosten des Altersklassenwaldes mit der Zeit überflüssig machen, sodass er sich schlussendlich auf eine schonende Holzernte des stärkeren, stets wieder nachwachsenden Holzes beschränken kann. Diesen Grundsatz der Stetigkeit, den Alfred Möller jeder Holzerzeugung voranstellte, erfüllen beide Waldbaumethoden, ob Plenterwald oder Dauerwald. Beide ernten das Holz ausschließlich durch das sogenannte *Plentern,* also die schonende selektive Entnahme der zu erntenden Einzelbäume. Beide Wälder leben potenziell ewig und liefern uns *dauernd* das Nutzholz für hochwertige Produkte!

Der Unterschied zwischen beiden besteht zum einen in den besonderen Feuchtigkeitsansprüchen des Plenterwaldes, die in Deutschland eher selten gegeben sind, und zum Zweiten in der Auswahl der einzuschlagenden Bäume. Hat der Plenterwaldwirtschafter strenge Regeln der statistischen Alters- und Stärkenverteilung seiner Bäume exakt einzuhalten, folgt der Dauerwaldbewirtschafter bei der Holzernte primär den fünf Teilzielen durch sehr regelmäßige und maßvolle Eingriffe ausschließlich in den herrschenden Oberstand. Dabei hat er die Beleuchtungsstärke im Waldesinneren, die sogenannte *Lichtökologie,* zu beachten. Mit anderen Worten: Er strebt stets einen milden Zustand der vertikalen Lichtverteilung im Wald an – abgestuft vom Volllicht auf dem Kronendach bis hinunter zu den keimenden Baumsamen am halbschattigen Waldboden. Dieser sogenannte Wanderschatten garantiert und verbessert kontinuierlich die Keimbedingungen und erzeugt ein sogenanntes Waldbinnenklima. Die Folge ist der sogenannte Lichtungszuwachs der vollbekronten Oberständer. Er schließt den Lichteinfall wieder und macht deswegen zeitnah weitere, maßvolle Eingriffe notwendig, um das Spiel von Licht und Schatten aufrechtzuerhalten. Die 100-jährige Empirie der

Dauerwaldbewirtschafter belegt: Unsere Bäume sind im Gegensatz zu den Lehrbüchern der Vergangenheit ausnahmslos in frühester Jugend halbschattenertragend. Das ist auch der Grund, warum der Dauerwald nur mit scharf kontrollierten Wildbeständen funktionieren kann, denn er erzeugt ein ideales Ernährungsbiotop in Höhe unseres äsenden Leckermauls Reh, das sich sprunghaft zu vermehren beginnt.

Dieses variable Vorgehen bei der waldbaulichen Behandlung bezeichnet man deswegen treffend als *freien Waldbaustil,* der primär auf der Beobachtungsgabe jedes einzelnen Bewirtschafters basiert. Er muss nicht zwingend ein Forstfachmann sein, wie viele Vorzeigebetriebe belegen, zumal der Dauerwald ein hervorragender Lehrmeister ist für jeden, der sich selbst gegenüber ökologisch ehrlich ist. Das führt zwangsläufig zu einer mäßigen, regelmäßigen wie auch sorgsamen *»Beerntung«* des Waldes und erzeugt mit der Zeit nur noch gutes, starkes Nutzholz. Das zentrale Auswahlkriterium bei der jährlichen Auswahl der zu erntenden Bäume ist allein ihre Vitalität und Qualität. Und anders, als viele jetzt denken mögen: Es wird stets nur der Schlechtere aus dem Oberstand entnommen, und der Bessere bleibt stehen – also ausschließlich eine konsequente Hochdurchforstung. Zwangsläufig wächst dann mit der Zeit nur noch gutes Holz nach, und das jährliche Nutzholzprozent am Einschlag steigt über die Jahre zulasten des schlecht bezahlten Industrie- und Brennholzes stark an. Die beiden zentralen Lehrsätze des Dauerwaldbauers sind für jeden, selbst einen Laien, schnell erlernbar: 1. *Mäßig, aber regelmäßig im Oberstand!,* sowie 2. *Das Gute ist des Besseren Feind!*

Jeder Leser kann sich ausmalen, warum sich das schon wenige Jahre nach einer Überführung rechnen muss. Der jährliche Zuwachs eines Waldes konzentriert sich zwangsläufig mehr und mehr auf die nachwachsenden und verbleibenden guten Bäume. Die hohen laufenden Kosten eines Altersklassenwaldes fallen dadurch allmählich weg für die schlussendlich zwangsläufig höheren Kosten einer sorgfältigen, *sanften* Holzernte sowie auf die einer scharfen Bejagung des Rehwildes. Währenddessen steigen die Erträge kontinuierlich an, und die jährliche Waldrente des Waldbesitzers wächst, denn das einzuschlagende Holz wird qualitativ immer besser und deutlich mehr als vorher.

Sie fragen ungläubig, ob damit genügend Holz produziert wird. Sie können es sich selbst beantworten: Der Wald, beginnend mit der Umstellung, stabilisiert sich ökologisch von Jahr zu Jahr. Er kennt schon nach ca. 15–20 Jahren keine Katastrophen mehr. Das heißt auch keine Kahlflächen, weil sein Zwischen- und Unterstand stets in Wartestellung verharrt. Das heißt aber nicht weniger, als dass die gesamte Betriebsfläche, also 100 % und nicht ca. 50 % wie beim krisengeschüttelten Altersklassenwald, im starken Holz jährlich zuwächst. Auch sinken dann sogar die Subventionslasten des Staates, der nach jeder Kalamität im Altersklassenwald wegen der exorbitanten Wiederaufforstungskosten zu Hilfe gerufen wird. Die Dauerwälder werden gemischter, vielschichtiger und immer stabiler gegen biotische Risiken wie Käfer oder andere Plagen. Waldschutzkosten kennen sie nicht. Und – ihre Wuchsbedingungen werden durch ihr immer günstigeres Waldbinnenklima kontinuierlich produktiver. Sie nutzen nicht nur alle Vorteile des Feuchtigkeitshaushaltes eines Nadelholz-Plenterwaldes, sondern wegen ihrer Tendenz zur natürlichen Laubholzbeimischung auch noch die im Wurzelraum des Oberbodens. Sie erzeugen wegen ihrer gemischten Laubstreu einen immer aktiveren biologischen Bodenzustand, der die beste Garantie für die Wasserversorgung der Bäume in der Trockenzeit ist. Wegen ihrer unterirdischen Mehrschichtigkeit im durchwurzelten Boden verhindern sie die Konkurrenz um knappe Wasser- und Nährstoffressourcen. Sie reichern so gleichzeitig die Nährstoffe im Oberboden systematisch an. Denn ihre tief wurzelnden Altbäume legen mit jedem Laubabfall im Herbst die beim frühjährlichen Blattaufbau in der Tiefe gesammelten Nährstoffe oben ab, wo sie von der Bodenlebewelt im Folgejahr remineralisiert werden und den jungen Bäumen als Nährstoffe zur Verfügung stehen – ein wundersamer Nährstoffaufzug vom Grundgestein bis in den Oberboden.

Diese bemerkenswerte Selbstoptimierung ist allen Naturwäldern eigen und wird im Dauerwald systemisch imitiert, mithilfe seiner Stetigkeit und *Lichtökologie*. Er ist also ein waschechter Kulturwald allein zum Zweck der Holzerzeugung und nicht etwa ein weniger genutzter Naturwald, wie ihn sich manche Umweltverbände wünschen. Sie vergessen, dass es in der Forstwirtschaft immer zuerst um die Holzerzeugung gehen muss, denn sonst bräuchte man sie nicht. Der Naturwald ist darum nicht das Ziel des Dauerwaldes, sondern nur sein Lehrmeister. Wegen seiner systemischen Selbsterhaltung neigt er durch die natürliche Absaat dazu, die Anzahl seiner Mischbaumarten in jedem Generationengang zu erweitern – mit einer erfreulichen Tendenz, nämlich allmählich zum einstigen natürlichen Baumartenreichtum zurückzukehren – und weit darüber hinaus. Dauerwälder sind deswegen in Deutschland zwangsläufig auf die Rückkehr der Buche als Mutter des Waldes angewiesen. Möller erkannte die betriebswirtschaftlichen Vorteile hoher Mischungsanteile und forderte sogar, sie gezielt durch Einbringung von Fremdbaumarten wie zum Beispiel der Douglasie zu erweitern. Selbstverständlich forderte er eine umsichtige Prüfung, welche Arten geeignet sind. Er plädierte nicht für Reinbestände mit Fremdbaumarten. Weswegen es ratsam ist, ihren Anteil auf maximal 30 % eines Bestandes zu begrenzen und die verbleibenden 70 % Zug um Zug mit heimischen Baumarten aufzufüllen. Aus der Praxis der Dauerwaldbetriebe in Deutschland lässt sich belegen: Je höher die Zahl der Mischbaumarten ist, desto ertragreicher wirtschaftet ein Waldbesitzer und umso resilienter wächst sein Wald. Dauerwälder zwingen also nicht dazu, vollständig auf standortfremde Nadelhölzer zu verzichten, wie viele meinen. Mit dem Dauerwald kehrt Deutschland allmählich aber wieder zur Mutter des Waldes zurück.

All unsere Laubmischhölzer des Buchenmischwaldes bilden das ökologische Rückgrat der Zukunft und liefern uns gleichzeitig Holz, das zu den unterschiedlichsten Zwecken verarbeitet werden kann. Speziell die Buche ist ein echter Allrounder. Es gilt also nicht länger der forstliche Schlachtruf: *Weg mit den faulen Gesellen*, sondern: *Her mit dem Allrounder, der unsere Wälder krisenfest macht.* In ihrem mütterlichen Halbschatten fühlen sich die Tannen und Eichen – wie alle natürlichen Mischbaumarten – besonders wohl. Wir wissen also, wie der

Baugrund für das Projekt *Bauhaus der Erde* des Klimaforschers Hans Joachim Schellnhuber aussehen sollte: ein dem Klimawandel trotzender Dauermischwald mit Buchen, Tannen, mitunter sogar Fichten und Douglasien, sicher mehr Eichen und viel mehr anderen Laubbaumarten als heute. Und nicht zuletzt auch mit Birken, Aspen, Erlen, Ebereschen und allen sonstigen bislang eher unterdrückten heimischen Nebenbaumarten, den sogenannten Pionierhölzern. Zwangsläufig wäre das ein Wald, in dem es wieder summt, zirpt und zwitschert sowie ein buntes Farbenspiel unsere Augen erfreut – und in dem sich sogar das wohlschmeckende Reh pudelwohl fühlen würde.

Dauerwälder sind ein Kompositum vieler, auch standortfremder Baumarten, ohne jedoch die natürliche Stabilität und Resilienz des natürlichen Waldgefüges aus dem Blick zu verlieren. Sie imitieren systemisch die unübertroffenen Eigenschaften eines Naturwaldes, um sie gezielt der Holzerzeugung dienstbar zu machen. Durch ihre kulturell gewollte hohe Mischung von heimischen und fremden Baumarten verteilen sie die Risiken einer ungewissen Klimazukunft sprichwörtlich auf viele Schultern im stets mehrschichtigen Waldgefüge. Das macht sie widerstandsfähiger als alle anderen waldbaulichen Modelle zur Holzerzeugung – mit Anspruch auf globale Gültigkeit.

Dass berühmte Maler ihre Objekte, so auch die Waldnatur, intuitiv erfassen und in Bildern festhalten, ist eine bewundernswerte Begabung und ein Grund für die Einzigartigkeit ihrer Werke. Das wird in diesem Buch genutzt, um Ihnen den Holzweg des Altersklassenwaldes vor Augen zu führen und den Königsweg aus der drohenden Waldendzeit zu weisen. Sie fragen: Warum ist in den aufgeschreckten Medien und von der Politik nichts davon zu hören? Die Antwort ist für unsere oberflächliche wie auch schnelllebige Öffentlichkeit typisch. Der Dauerwald ist nichts Neues, sondern 100 Jahre alt; zudem wird er vor allem in diskret wirtschaftenden Adelsbetrieben des Großprivatwaldes betrieben und nicht von beamteten Forstakademikern. Der Dauerwald passt deswegen nicht ins rot-grüne Weltbild unseres medialen Mainstreams für den Naturwald der NGOs. Sie finden es nicht opportun, primär dem wirtschaftlichen Nutzen und dadurch dem Gemeinwohl zu dienen. Erst recht, wenn es sich um konservative und wohlhabende »Großgrundbesitzer« zu handeln scheint, die als Vorbild dienen sollen. Die Umweltverbände tragen also zentrale Verantwortung für diese kollektive Blindheit mit ihren mitunter falschen Propheten selbst aus der Wissenschaft. Ihr Ziel ist stets die Rückkehr zum nicht nutzbaren Naturwald. Am besten und edelsten wäre es dabei, die Wälder ganz unter Schutz zu stellen, fordern sie. Der Dauerwald sitzt also sprichwörtlich zwischen den ideologischen Stühlen und macht Ärger bei den Jägern und neuerdings auch noch bei der Lobby für erneuerbare Energien. Denn das Holz ist ja solch ein erneuerbarer Energieträger, den wir inzwischen zu 50 % unverantwortlich durch den Kamin blasen. Gewinner eines Nutzholz-Dauerwaldes wären wir stattdessen ausnahmslos alle – an erster Stelle aber die Forstwirtschaft selbst und auch eine wieder aufblühende Natur in unseren Wirtschaftswäldern.

Pablo Picasso (1881–1973) und Paul Klee erfassten das Wesentliche eines Waldes, indem sie den Waldinnenraum als

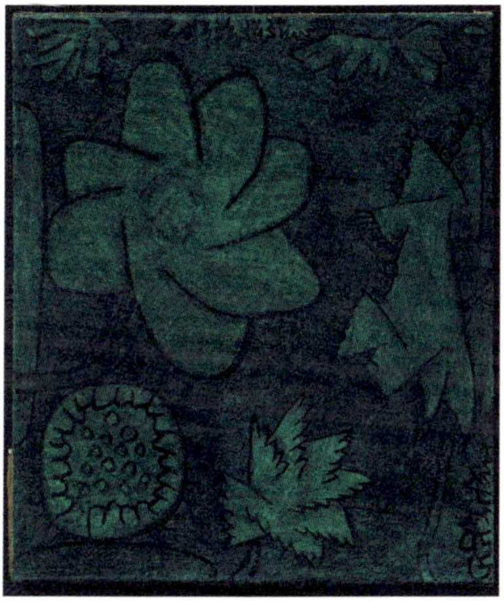

Paul Klee, Tief im Wald (1939)

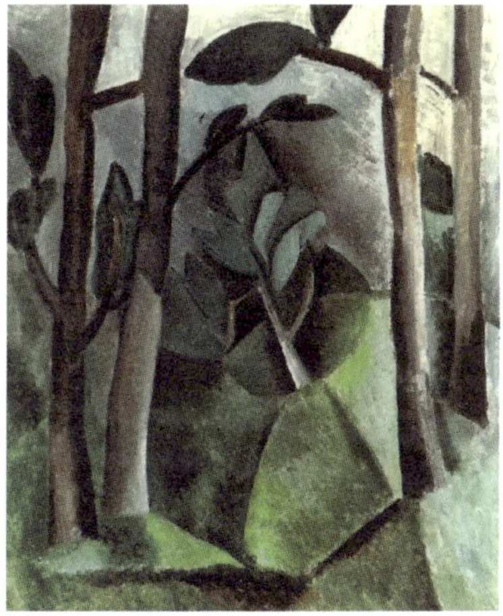

Pablo Picasso, Landschaft La Rue de Bois, (1908, Ausschnitt)

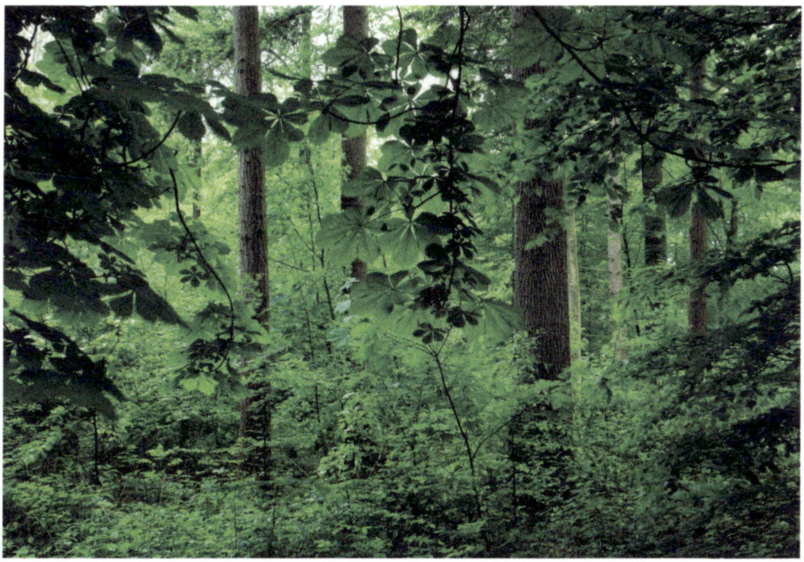

Das Kennzeichen eines jeden Dauerwaldes ist die Ausfüllung des Waldinneraums mit Chlorophyll, also ein Mehrgenerationenhaus der Bäume

sein markantes grünes Spezifikum erfassten. Sie malten seine vollständige innere Ausfüllung mit grüner Blattmasse, dem Chlorophyll. Es ist der biochemische Katalysator, dem wir die Lebensfreundlichkeit der humanen Biosphäre verdanken. Das ist das biochemische Geheimnis ihrer unvergleichlich lebensfreundlichen Eigenschaften, die wir im Klimawandel stärker benötigen als je zuvor – nämlich Sauerstoff, nächtliche Kaltluftströme, Bodenfeuchte, Grundwasserspende, Schatten, Windruhe, Verdunstungskälte, geschlossene Nährstoffkreisläufe, Artenerhalt, Waldästhetik, Naherholungsräume sowie den vielseitigen Rohstoff Holz in höchster Qualität und sogar noch größerer Masse als bisher, der sich zudem kontinuierlich und nachhaltig erneuert.

Der Nebel lichtet sich

Mit der abstrakten Strichzeichnung *Zwiegespräch Baum-Mensch* aus dem Jahr 1939 trifft Paul Klee die Kernaussage dieses Buches. Wald und Baum brauchen den Menschen nicht, der Mensch aber braucht sie. Diese Zeichnung ist darum aus dem Arboretum der Kunst seit vielen Jahrzehnten mein Lieblingsbild. Es hat mich mein ganzes Leben lang gefesselt, weil es meinem Blick auf den Wald seit Kindheit entspricht. Denn beim Thema Wald und wie er bewirtschaftet werden soll, geht es um nicht weniger als um eine humane Biosphäre. Auch wenn ich als Kind das so nicht hätte formulieren können, war mir der unauflösliche Zusammenhang meiner Umwelt mit

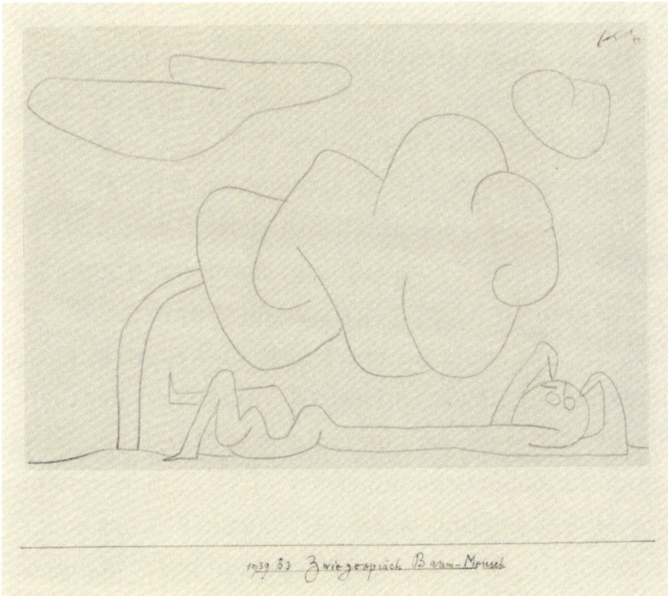

Paul Klee, Zwiegespräch Baum-Mensch (1939)

dem Wald intuitiv bewusst. Ich konnte mir meine sauerländische Heimat in den 50er-Jahren nicht ohne Wald vorstellen – auch wenn es sich damals häufig um einen Fichtenforst handelte, der inzwischen vielerorts der Sommertrockenheit oder dem Borkenkäfer zum Opfer gefallen ist. Das Gefühl ließ mich neben meiner jagdlichen Begeisterung später Forstwissenschaft studieren, was zunächst auf die ablehnende Skepsis meines Vaters stieß. Und tatsächlich überlegte ich im dritten Semester an der Universität Göttingen, mein Neigungsstudium wieder aufzugeben, denn was die Forstwissenschaft aus dem Wald zu machen schien, stieß mich ab. Ich konnte beim besten Willen keinen systemtheoretischen Zugang zum Wald erkennen, der mich intellektuell ausreichend fesselte.

Eher zufällig stieß ich in der Literatur noch rechtzeitig auf Alfred Möllers Dauerwaldgedanken und entschied mich, doch das forstliche Diplomexamen anzugehen. Ich habe es nie bereut. Denn je länger ich mich mit dem Dauerwaldgedanken beschäftigte, der im Forststudium komplett totgeschwiegen wurde, umso mehr fesselte er mich. Und umso mehr erkannte ich, dass die akademische Forstzunft in weiten Teilen bis auf den heutigen Tag die Schrift Alfred Möllers aus dem Jahr 1922, *Der Dauerwaldgedanke, sein Sinn und seine Bedeutung,* nie gelesen hatte oder sie nicht verstand. Dass Möller einen systemischen Weg zur Holzerzeugung suchte, ist tatsächlich ein ganzes Jahrhundert lang in den von fachlicher Ignoranz geprägten Diskussionen und ihren Vorurteilen, es ginge ihm allein um die Natur, untergegangen. Die gesamte Forstwissenschaft starrte wie gebannt auf ihr künstliches Holzanbauprinzip mit den dafür tauglichen Baumarten im Altersklassenwaldbau. Nur so ist erklärbar, dass von 1922 bis 2022 nicht ein einziges Lehrbuch zum Dauerwald oder wenigstens ein Leitfaden zu seiner praktischen Anwendung im Wald geschrieben wurde. Und das, obwohl die sogenannten Dauerwald-Altbetriebe vorwiegend in adliger Hand teilweise seit 100 Jahren zu den rentabelsten Forstbetrieben Europas zählten. Sie sind zudem die ästhetisch schönsten und naturreichsten Deutschlands. Das waldtypische *Kontinuum aus Raum und Zeit* der Dauerwälder erzeugt zwangsläufig eine hohe Kontinuität der jährlichen Holzeinnahmen und der Waldbodenrente.

Wenn es also einen Grund gäbe, sich Gedanken zu machen, ob der öffentliche Wald besser in privater oder staatlicher Hand bewirtschaftet werden sollte, dann ist es dieser Aspekt. Denn ausgerechnet die öffentlichen Forstbetriebe mit rund 50% des deutschen Waldes finden bislang nicht zum Dauerwald. Sie finden keinen Ausgang aus dem selbst zu verantwortenden Teufelskreis der Katastrophen und torkeln von einer Waldkrise zur nächsten, denn der brave Vater Staat bezahlt weiter.

Auch wenn falsche Propheten fordern, den Wald möglichst nicht mehr zur Holzerzeugung zu nutzen, brauchen wir tatsächlich gerade eine hochproduktive Holzwirtschaft, um unsere Zukunft zu meistern. Es gibt kaum einen anderen Erwerbsbereich, für den sich eine vergleichbare Zukunft vorhersagen ließe wie eben für die Holzerzeugung im Wald. Natürlich gilt diese Aussage nur, wenn sie auch richtig gemacht wird, also mit Wirtschaftswäldern, die sich konsistent in das Funktionsgeflecht und die Leistungsfähigkeit der Biosphäre einfügen.

Die Herausforderung, die Holzerzeugung biologisch intensiver zu gestalten, stellt sich global, denn der Holzbedarf steigt seit Generationen weltweit, und ein Ende ist nicht in Sicht. Die Notwendigkeit, dem Klimawandel wirksam zu begegnen, macht Holz ökologisch sogar eher noch wichtiger für die Weltgemeinschaft als bisher schon, denn es bietet eine der wenigen Chancen, den mineralischen Rohstoffverbrauch zu ersetzen. Die Holzerzeugung muss neben dem Verzicht auf fossilen Energieeinsatz im Fokus unserer Klimaschutzpolitik stehen. Der Holzbau ist unbestreitbar eine der wirksamsten

Möglichkeiten, den weltweit wachsenden Bedarf an Wohnraum von der mineralischen Umweltzerstörung zu lösen. Insofern ist dieses Buch ein engagiertes Plädoyer für Hans Joachim Schellnhubers Projekt *Bauhaus der Erde*.

Der Wunsch nach möglichst großflächigen ungenutzten Naturwäldern ist ein waldpolitischer Irrweg in eine historische Sackgasse. Wir sollten Holz natürlich nicht zur Energiegewinnung nutzen, sondern möglichst für höherwertigere Verwendungen, um andere mineralische Rohstoffe zu ersetzen. Von Natur aus brauchen uns die Wälder nicht, unsere ethische Pflicht zum waldpolitischen Handeln entspringt deswegen allein unserem Nutzungsinteresse. Unsere vermeintlich große Waldliebe hat uns dazu bisher nicht im Geringsten geholfen. Der Wald verlangt jetzt nüchterne Kognition von uns, was wir anders machen müssen, um ihn zur Holzerzeugung dauerhaft nutzen zu können. Wir müssen uns mit dem Wirtschaftswald in die biosphärischen Produktionsschleifen einnischen. Das ist die säkulare forstpolitische Herausforderung.

Die waldabhängige Conditio humana der Biosphäre wird vielen von uns, wie der Politik angesichts der sich häufenden weltweiten Waldkrisen, die wir so nie zuvor erlebten, erst seit 2018 bewusst. Der Erfolg der Pariser Klimakonferenz 2015 mit seiner Vereinbarung, den Anstieg der globalen Durchschnittstemperatur auf möglichst 1,5 °C gegenüber dem vorindustriellen Niveau bis zum Jahr 2100 zu begrenzen, wurde in Europa 2023 bereits gerissen. Das stellt nicht die Sinnhaftigkeit infrage, weiterhin möglichst große Anstrengungen zur Dekarbonisierung zu unternehmen. Unser Blick muss sich aber verstärkt darauf richten, wie wir mit der in Gang gesetzten Klimaveränderung unter humanen Bedingungen weiterleben können. Wir müssen uns bewusst werden, dass unser glückliches Europa von Natur aus einst zu den lebensfreundlichsten Regionen der Erde zählte. Unser Bemühen um Dekarbonisierung verschafft uns hoffentlich noch den notwendigen Zeitgewinn, uns auf den weiteren Klimawandel einzustellen und gleichzeitig unseren Lebensstil zu verändern. Damit rückt zwangsläufig die Diskussion um die nationale Waldpolitik ins Zentrum der Politik. Versteht die Politik das? Es sind vermutlich nur noch etwa zwei bis drei Jahrzehnte, die uns verbleiben, unsere labilen Wirtschaftsforste in resilientere Kulturwälder umzubauen. Wir haben also objektiv keine Zeit mehr zu verlieren.

Die Biosphäre unseres Planeten ist *nature made*. Sie bildet ein Netzwerk des Lebens aus Artenvielfalt und Großökosystemen. Sie bestimmen ihre Lebensfreundlichkeit. Sie waren die Basis der Evolution des Menschen wie auch unserer Kultur. Die bittere Erkenntnis, dass es nur eine äußerst sensible Hülle unseres Planeten Erde ist, die begonnen hat, ihre Lebensfreundlichkeit zu verlieren, kommt uns ziemlich spät. Sie hat längst begonnen, die Grundparameter unserer menschlichen Existenz zu verändern, nämlich diese, nur hauchdünne, biosphärische Zone intensiven Lebens. Sie umfasst vertikal eine Höhendifferenz von maximal 4000 m, nämlich von 1000 m unter NN bis 3000 m über NN. Diese extrem zarte Haut unseres Planeten teilen wir uns mit allen anderen Lebensformen. In ihr finden nahezu 98 % aller biosphärischen

Produktionsvorgänge statt, die sowohl das Klima, die Luftwasserströme, die Süßwasserquellen, die Bodenfruchtbarkeit, die Nahrungsketten, die biologischen Abbauprozesse, ja selbst unseren Sauerstoff zum Atmen erzeugen. Schauen wir nur auf die biologischen Antriebsmotoren unseres Planeten, den James Lovelock deswegen treffend als *Gaia,* Mutter Erde, bezeichnete, sind es vor allem drei Großökosysteme, die seine biologische Produktivität quantitativ dominieren: die Moore und Feuchtlandschaften, die Meere sowie unsere Wälder. Die Moore sind die effizienten Turbospeicher der CO_2-Ablagerung aus der Atmosphäre, die Meere die Hochleistungsmotoren ihrer biologischen Produktivität und die Waldflächen ihr biologischer Kapitalstock. Wälder sind die tragenden Säulen ihres lebenden Biomassevorrats; sie sind der biosphärische Baustoff schlechthin, der die *grüne Erde* statisch zu tragen scheint. Wälder und ihr Holz sind also das Gerüst unseres *Bauhauses der Erde,* ihr Rückgrat.

Caspar David Friedrich malte 1820/21 seine berühmte Tageszeitenfolge (siehe folgende Doppelseite), aus der Sie als Leser bereits *Der Abend* und *Der Morgen* kennengelernt haben. Wie schon beim *Wanderer über dem Nebelmeer* gibt es widersprechende Deutungsversuche der Kunsttheorie. Sie reichen von einer Lebenszeitenallegorie bis hin zur Jahreszeitenabfolge. Hier soll sie indessen aus dem Blickwinkel der Landschaftsgeschichte und -ökologie gedeutet werden. Friedrich malte nämlich nicht nur die vier Tageszeiten, sondern die Landnutzung in ihrer zunehmenden Intensität. Er konnte sie in seiner Zeit räumlich nebeneinander real erleben, so wie heute in vielen Schwellenländern auch, und nicht als Nutzungsgeschichte chronologisch nacheinander.

Zeigt *Der Morgen* die Nutzung halbnatürlicher Kulturökosysteme, den Plenterwald und die Netzfischerei in einem natürlichen Gewässer, bestellt am *Mittag* ein Bauer mithilfe der Stocksaat sein steiniges Feld unweit eines kleinen Kiefernforstes aus offenbar natürlicher Ansaat. Im Gemälde *Der Nachmittag* steht im Vordergrund links das Korn kurz vor der Ernte, noch grün und vor der Reife, aber bereits in Teilen abgeerntet. Der abgeerntete Teil rechts im Vordergrund zeigt deutlich die abgeschlossene Kultivierung eines Ackerfeldes, nämlich seine bereits vollständige Säuberung von natürlichen Feldsteinen. Der Bauer fährt im Mittelgrund mit einem Fuhrwerk den ersten Heuschnitt für das Vieh vom Grünland heim zum Hof. In *Der Abend* beraten offenbar zwei Forsttaxatoren einen Fachwerkshieb in einem innen ausgeräumten Kiefernforst aus Saat oder Pflanzung, ein typischer Kiefernstangenacker. Im Vordergrund sind deutlich die Reste einer trockenen Heide zu erkennen, die hier wohl ab der Mitte des 18. Jahrhunderts als Kiefern-Altersklassenforst wieder bewaldet wurde.

Die Abfolge der Baumvegetation, beginnend mit dem Gemälde *Der Morgen*, stellt einen Gradienten des Waldumbaus bzw. der Waldumwandlung zur agrarischen Nutzung dar – ausgehend von einem semihemeroben, also halbnatürlichen, Waldzustand im Vordergrund zeigt es einen sekundären Fichten-Plenterwald sowie Buchenniederwälder auf dem Bergrücken des Horizonts. Mit steilen Schlagrändern lassen sie ihre Umwandlung durch Kahlhieb erkennen. Im Gemälde *Der*

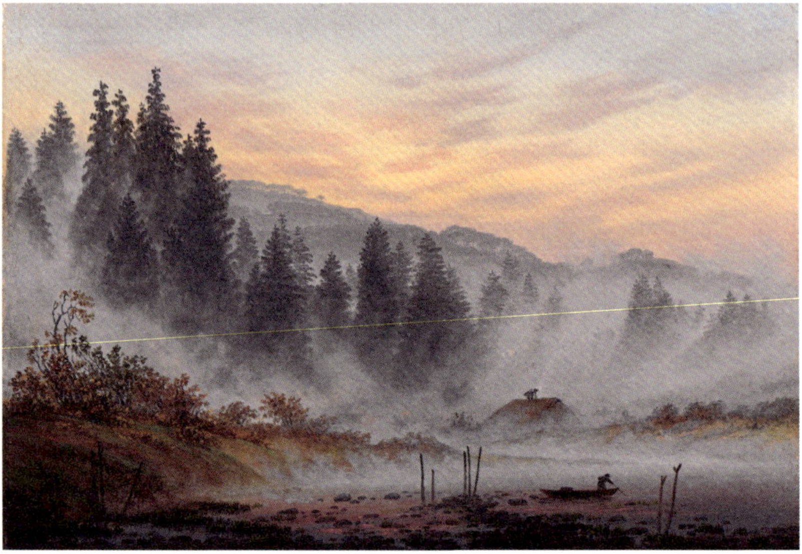

Caspar David Friedrich, Der Morgen (1820/21)

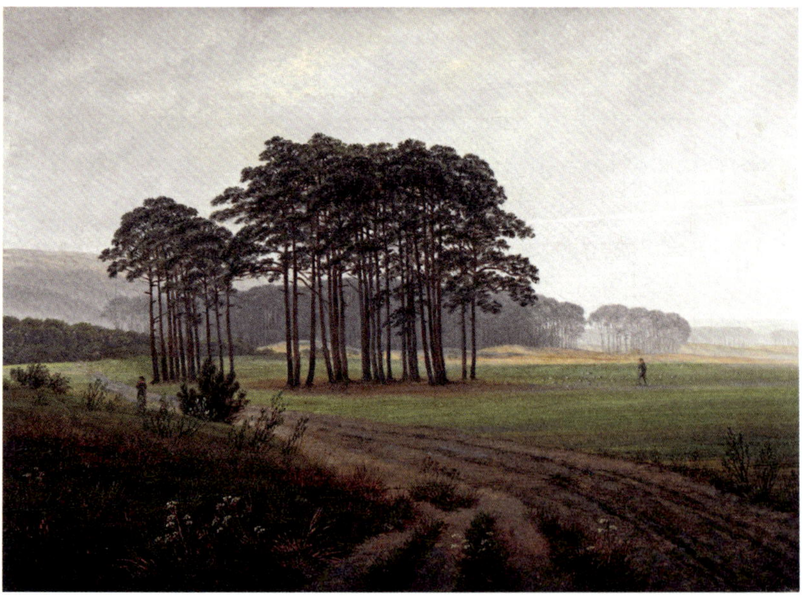

Caspar David Friedrich, Der Mittag (1821/22)

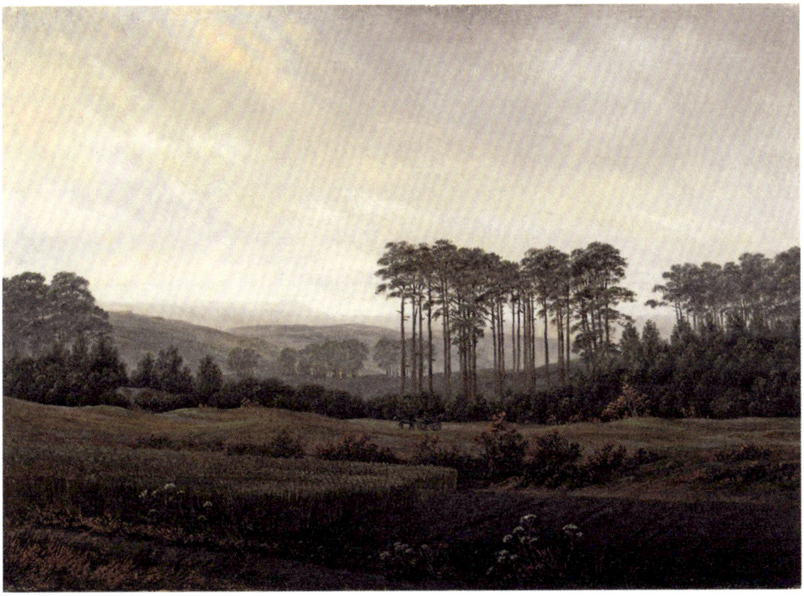

Caspar David Friedrich, Der Nachmittag (1821/22)

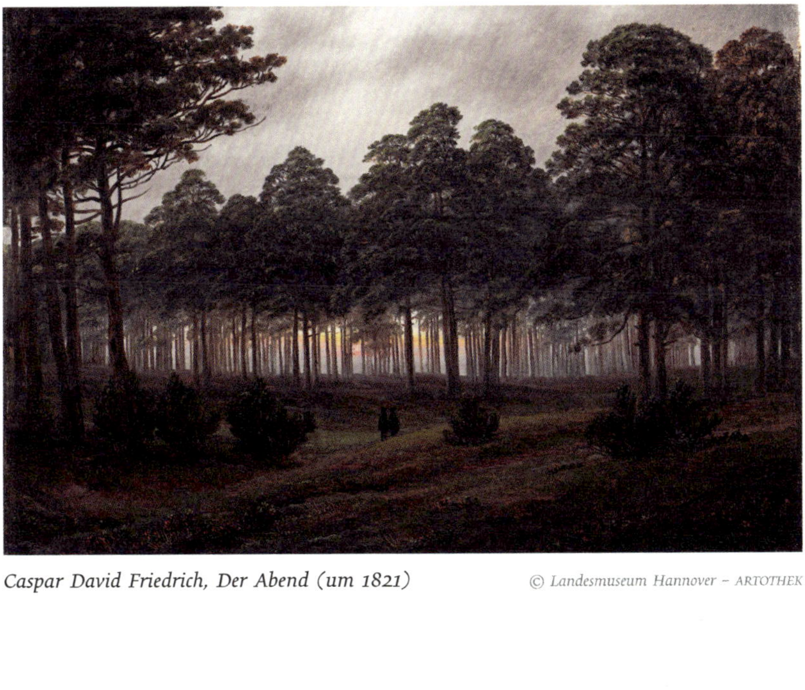

Caspar David Friedrich, Der Abend (um 1821)

Mittag sehen wir links im Vordergrund eine vormals laubholzbestandene Kahlfläche und im Dunst des Mittel- und Hintergrundes die letzten geschlossenen Laubwälder. In *Der Nachmittag* lassen sich nur noch einzelne Laubbäume identifizieren, und im Mittelgrund befinden sich junge Nadelholzwälder im Aufbau sowie ein huckeliges Grünland in einem mit Pflug nur schwer zu beackernden Gelände. Und schließlich malt Friedrich in *Der Abend* die bereits vollzogene Umwandlung der Waldlandschaft mit Resten einer Heide im Vordergrund. Diese Abfolge der sich verändernden Baumvegetation deckt sich mit dem gleichzeitig versiegenden Landschaftswasserhaushalt, also einer durch die Nutzungskultur bedingten Austrocknung unserer Kulturlandschaft. Auch für ihren heutigen Feuchtigkeitshaushalt sind unser Wirtschaftswald, seine Waldbautechnik und Baumartenzusammensetzung entscheidende Einflussgrößen, die uns im Klimawandel zur Verfügung stehen, wenn wir uns beeilen.

Lässt man die zahllosen sich häufig widersprechenden und abstrakten Deutungsversuche in der Kunsttheorie zur Interpretation von Waldgemälden beiseite, liefert gerade Caspar David Friedrich konkrete Hinweise für eine präzise forst- und waldgeschichtliche Interpretation. Das gilt insbesondere auch für seine Tageszeitenfolge. Die Kunsttheorie zur Romantik weist immer wieder selbst darauf hin, dass er mit einer »*Lizenz der Vieldeutigkeit*« gemalt habe wie kein anderer Maler seiner Zeit. Seine unbestrittene Akribie, sich mehr als zehn Jahre lang vor Beginn seiner Ölmalerei im Jahr 1806 zunächst mit Detailzeichnungen zu befassen – allein 1200 davon sind bis heute erhalten, speziell solche mit Baumsilhouetten und anderen Landschaftselementen, die er erst Jahrzehnte später zur eigenständigen Bildaussage konstruierte und miteinander komponierte – spricht aber für eine objektbezogene Interpretation. Seine dabei hervorstechende Präzision legt eine landschaftsökologische Sicht nahe. Folgt man ihr wie in diesem Buch, lichtet sich der Nebel des *Wanderers über dem Nebelmeer* wie von selbst.

Die Holzerzeugung im Wald lässt sich nicht über mehrere Menschengenerationen hin teleologisch nach den Prinzipien des Holzanbaus wie auf einem Holzacker mit gleichaltrigen Bäumen verwirklichen. Friedrich hat diese sich heute bewahrheitende, waldökologische Erkenntnis zunächst wohl nur intuitiv erfasst. Als malerische Konstruktionen mit geradezu prophetischer Voraussicht lassen sie aber die Einschätzung zu, dass er sie mindestens in Teilen auch kognitiv erfasst haben muss, um sie in seinen Bildern zu verdichten. Seine Kernbotschaft, nämlich die rasche Veränderung der seit Napoleon sich überall auswirkenden forstlichen Aufklärung, hat er präzise verarbeitet. Er ist damit für mich zweifelsfrei ein früher Kritiker der aufgeklärten Forstwirtschaft an der Schwelle zur Waldbauzeit um 1800 sowie ihres unnatürlichen Altersklassenwaldes, der unsere heutige waldökologische Herausforderung markiert.

Die kopernikanische Wende der Forstwirtschaft wie auch der Waldbauwissenschaft, nämlich ihr notwendiger Paradigmenwechsel weg vom Holzanbauprinzip hin zur systemischen Holzerzeugung, steht politisch unter den sich rasch ändernden

Klimabedingungen sofort an. Die von Alfred Möller in den Jahren 1920–22 konzipierte *Dauerwaldwirtschaft* ist die in der Waldpraxis hundertfach bewährte Lösung seit vielen Jahrzehnten, in einigen Adelsbetrieben sogar seit mehr als 100 Jahren. Deutlich mehr Nutzholz, deutlich bessere Holzqualitäten, keine Flächenkalamitäten und mehr Natur und Vielfalt im Holzerzeugungswald sind möglich – und das sogar bei deutlich höheren Waldbodenrenten für die Eigentümer. Der vermeintlich unlösbare Widerspruch von Ökologie und Ökonomie wächst im Dauerwald zwangsläufig wegen seiner Langfristigkeit wieder zusammen, denn er verfolgt sein majestätisches, über allen anderen Zielen thronendes Holzerzeugungsziel allein über die Stärkung der natürlichen Wachstumskräfte des gesunden Wirtschaftswaldes. An die Stelle früherer konkreter Produktions- und Sortimentsziele treten damit weiche Waldbetriebsziele wie dynamische Stabilität, Resilienz, Baumartenvielfalt, Artendiversität, Landschaftswasserhaushalt, Kühleffekt etc. Der mit Chlorophyll vollständig ausgefüllte Waldinnenraum des Dauerwaldes ist seine untrügliche Visitenkarte, anhand derer jeder erkennen kann, ob er sich auf dem richtigen Weg in die Waldzukunft befindet und nicht auf dem Holzweg in die Waldendzeit.

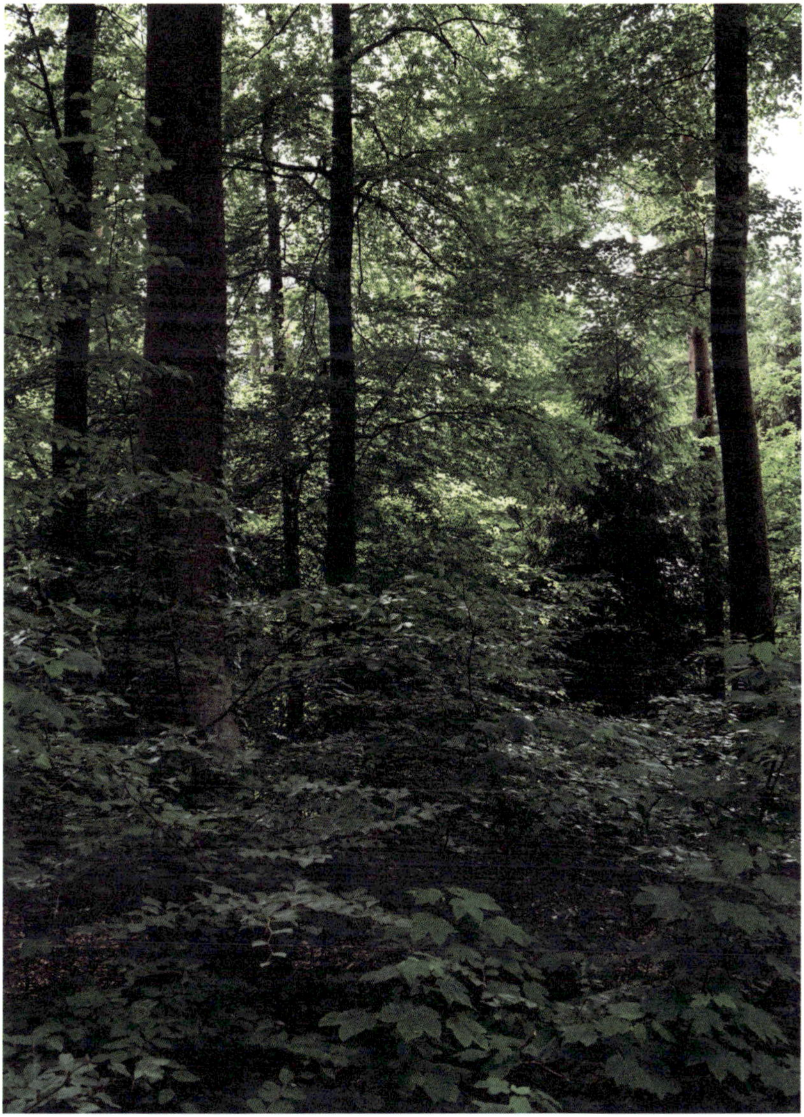

Älterer Dauermischwald mit Laub- und Nadelholz und einem vollständig mit Chlorophyll ausgefüllten Waldinnenraum © Rainer Kant

VERTIEFUNGSHINWEISE DES AUTORS

Die rund 200 Dauerwaldbetriebe in Deutschland (aller Größenordnungen) befinden sich ganz überwiegend in privater Hand. Sie sind in der Regel in der Arbeitsgemeinschaft Naturgemäße Waldwirtschaft (ANW) organisiert, die jedoch den Dauerwaldgedanken Alfred Möllers von 1922 nur in unterschiedlicher Weise und Konsequenz umsetzen. Die bekanntesten und glaubwürdigsten befinden sich in den Bundesländern Mecklenburg-Vorpommern, Brandenburg, Baden-Württemberg, Bayern, Niedersachsen und Schleswig-Holstein. Richten Sie Ihre Anfrage am besten per Mail an die ANW-Bundesgeschäftsstelle: info@anw-deutschland.de, um die Kontakte zu den jeweiligen Landesverbänden zu erfragen.

Auf dem Youtube-Dauerwald-Kanal des Autors finden Sie rund 60 nicht kommerzielle Videos über Grundsätzliches zur Dauerwaldwirtschaft wie auch über Wälder einiger privater Dauerwaldbetriebe.

Zum Dauerwald-Kanal (Youtube)

GLOSSAR

Abiotische Gefahren sind Gefahren für einen Waldbestand, die durch Wetterextreme entstehen, also hohe Windgeschwindigkeiten, Nassschnee, Trockenheit, infolgedessen hohe Waldbrandgefahr etc. Sie zählen nicht zu den biotischen Gefahren durch Schadorganismen.

Altersklassenwald oder -forst ist ein Wirtschaftswald aus stets gleichalten Bäumen, die deswegen gleich hoch und etwa gleich dick sind. Sie sind stets struktur- und artenarm.

Alpin ist in Zentraleuropa die Höhenstufe, in der es von Natur aus keine geschlossenen Wälder mehr gibt. Sie bildet damit bei uns die Spitze der vertikalen Höhenstufung der natürlichen, vertikalen Vegetation. Sie ist global Klimaabhängig. Ihre Vegetation besteht vor allem aus Polsterpflanzen, Gräsern und Zwergsträuchern.

Areal, natürliches Areal meint das geografische Vorkommen einer Art (Spezies). Das natürliche Areal bezeichnet das ursprüngliche Areal, bevor der Mensch begann, es kulturell zu verändern. Deutschland ist der natürliche Arealmittelpunkt des Buchenmischwaldes, seiner begleitenden natürlichen Biozönose und seiner natürlichen Laubmischbaumarten.

Auflagehumus bezeichnet die auf dem Boden aufliegende Schicht aus abgestorbenen Pflanzen und insbesondere der Blätter infolge des Blattabfalls.

Bioklima, bioklimatisch bezeichnet das im Dauerwald durch seine Bestandsmorphologie erzeugte milde, ansamungsfreundliche Waldbinnenklima im Gegensatz zum Freiflächenklima.

Biokybernetisches System bezeichnet die Wissenschaft, die sich mit den Steuerungs- und Regelungsvorgängen in Organismen und Ökosystemen beschäftigt.

Biologisch nachhaltig ist ein gemischter Wirtschaftswald, dessen Biozönose stabil, artenreich und durch Kontinuität gesichert ist, also das freie Spiel der Evolution trotz Holzerzeugung zeitlos aufrecht hält.

Biologische Produktionskraft meint das Zusammenspiel von Standortbedingten, unbelebten Faktoren und der im Boden aktiven Lebewelt, dem sog. Edaphon. Sie wird durch *»sanfte Betriebstechnik«*, d. h. durch Bodenschonung bei der Holzernte, eine hohe Baumartenmischung und angepasste Wildbestände erhalten.

Biotische Gefahren sind alle Walderkrankungen, die auf Schadorganismen zurückgehen, wie z. B. Käfer, Pilze, Bakterien etc.

Bodenreinertragslehre bezeichnet eine forstbetriebswirtschaftliche Berechnungsmethode zur Berechnung des Reinertrags eines Waldes unter Einbeziehung des erheblichen Waldbodenpreises. Sie führte und führt fast zwangsläufig zur Unrentierlichkeit von Laubholzwäldern und zum Vorzug von Nadelholzreinbeständen – freilich ohne ihre mangelnde dynamische Stabilität, also ihre extremen Risikokosten.

Bringung bezeichnet den Teil der Holzerntearbeiten, der sich mit der Bergung des eingeschlagenen Baumstamms vom Fällort zum nächsten Lkw-fähigen Forstweg befasst. Gängige Verfahren sind das Pferd, das Seilzug- und Klemmbank-Verfahren.

Dauerwald oder Dauermischwald ist ein Wirtschaftswald, der nach Alfred Möller *»dauernd«* Holz produziert, ohne das natürliche *Kontinuum aus Raum und Zeit* eines natürlichen Waldes durch die stets selektive Holznutzung zu unterbrechen.

Dynamische Stabilität meint die durch das Waldgefüge des Dauerwaldes bedingte waldbauliche Stabilität des gemischten Mehrschichtwaldes, die ihn gegen biotische Gefahren durch das Netzwerk seiner Vielfalt annähernd immun macht und nicht mehr zu kalamitätsbedingten Kahlflächen führt.

Edaphon bezeichnet die Gesamtheit der im Boden aktiven Lebensformen, von der Mesofauna bis hin zu den Pilzen und Bakterien.

Fachwerk, Flächenfachwerk ist die einfachste Form der Nachhaltsplanung zur Nutzung eines Forstes mit stets gleich hohen jährlichen Holzerträgen. Dazu werden die Forstflächen eines Forstbetriebes in nach Holzmasse gleich große Schläge eingeteilt. Sie ist Ergebnis der Taxation.

Flachwurzler sind die Baumarten, die nur unmittelbar unter der Bodenoberfläche wurzeln. Das bekannteste Beispiel ist die Fichte, die deswegen keinerlei Klimatoleranz besitzt (sogenanntes Horizontalwurzelwerk).

Freiland-Klima bezeichnet die Wetterbedingungen auf einer Freifläche im Gegensatz zum Waldklima. Es ist gekennzeichnet durch hohe Sonneneinstrahlung, Temperaturextreme, Austrocknung der Bodenoberfläche, lichtliebende Krautflora, hohe bodennahe Windgeschwindigkeiten, Früh- und Spätfröste etc.

Großschirmschlag oder auch Schirmschlag bezeichnet ein Schlagverfahren, bei dem ein lockerer Schirm des Oberstandes stehen bleibt, um die natürliche Ansamung des Waldbodens zu ermöglichen.

Hochmontan Vegetationshöhenstufe unterhalb der alpinen Stufe, die normaler Weise die Waldgrenze bildet. (siehe auch alpin)

Hochwald sind Wälder, also Dauerwälder und auch Altersklassenwälder aus Baumarten der ersten Ordnung, die also ca. 30 m hoch erwachsen, um aus ihnen Nutzholz zu erzeugen

Humoser Waldboden bezeichnet die obere durchwurzelte Bodenschicht, ein meistens dunkelbraun bis schwärzlich gefärbter Boden-Horizont, der durch die biologische Aktivität des Edaphons mit Stoffen der pflanzlichen Zersetzung (den sog. Huminstoffen) angereichert ist.

Jahresabtrieb bezeichnet die jährlich einzuschlagende Fläche nach dem Flächenfachwerk.

Kahlhieb ist die schlagweise Entfernung eines Baumbestandes auf einer Fläche, z. B. im Rahmen des Jahresabtriebs nach dem Flächenfachwerk.

Koevolutiv bezeichnet einen evolutiven Prozess wechselseitiger, genetischer Anpassung von Spezies, hier von Baumarten.

Kollin bezeichnet in Zentraleuropa die Vegetationshöhenstufe des Hügellandes bis in einer Meereshöhe von ca. 100 bis 300 m ü. NN. (Siehe auch alpin)

Kontinuum aus Raum und Zeit meint die Kontinuität einer ununterbrochenen Waldbestockung. Sie erzeugt erst über die potenziell ewige Zeitachse im von ihm beherrschten Raum die Fähigkeit zur Vernetzung der im Boden unsichtbaren Lebewelt, ihre dynamische Stabilität sowie Resilienz. Es ist das, was Alfred Möller und Alexander von Humboldt mit *Stetigkeit und Harmonie* des Waldwesens meinten, seine von Natur aus potenziell auf Ewigkeit angelegte *»Dauer«*.

Kulturökosystem meint hier einen Wirtschaftswald, der nicht einem Naturwald entspricht, aber alle Voraussetzungen mitbringen kann, die auch in einem Naturwald zu finden sind. Bestes Beispiel dafür ist der dynamisch stabile Dauermischwald.

Lichtungszuwachs bezeichnet den nach Freistellung der Baumkrone einsetzenden verstärkten Zuwachs eines Baumes infolge des vergrößerten Lichteinfalls. Insbesondere die Buche reagiert mit einem starken Lichtungszuwachs nach der Durchforstung.

Montan bezeichnet die Höhenstufe oberhalb der kollinen Stufe, d. h. oberhalb von ca. 300 m ü. NN. Sie wird unterteilt in submontan, montan und hochmontan.

Naturwald bezeichnet einen Wald, der auf natürliche Weise entstanden ist durch Sukzession, d. h. natürliche Ansamung seiner Bäume. Es können Primärwälder oder Sekundärwälder sein.

Niederwald bezeichnet eine historische Wirtschaft, in der die hochwaldfähigen Bäume nicht mehr voll auswachsen dürfen, sondern früh zur Brennholz- oder Gerbrindennutzung flächenweise genutzt werden.

Nutzungskaskade bezeichnet hier die chemiefreie Abfolge von der Nutzholzverwendung (z. B. im Holzbau) über die Wiederverwertung (z. B. im Landschaftsbau) zur industriellen Holzverwertung (z. B. Zerspanung), zur energetischen Verwertung und schlussendlich zur Walddüngung mit der Asche.

Oberholz bezeichnet die Oberständer im Plenterwald.

Optimalphase bezeichnet die natürliche Wachstumsphase eines vollerwachsenen Baumes oder Waldes mit dem höchsten jährlichen Massenzuwachs. Sie entspricht der Wachstumsphase, in der ein Dauermischwald durch die selektive Nutzung *»dauernd«* gehalten wird.

Pfahlwurzler bezeichnet Baumarten, die eine vertikal zum Erdmittelpunkt hin ausgerichtete Hauptwurzel in tiefere, mineralische Bodenschichten ausbilden, siehe auch Flachwurzler.

Pioniergehölz sind solche Baumarten, die sich zuerst natürlich auf einer Freifläche ausbreiten und die Ansamungsbedingungen für die anspruchsvolleren vorbereiten, z. B. Weide, Kiefer, Erle, Birke, Espe etc.

Plaggennutzung bezeichnet eine historische Waldnutzung, die zum Humusexport führte und damit den Waldstandort degradierte. Dazu wurde die stark humose Oberschicht des Bodens abgestochen und zum Zweck des Hausbrands oder der Stalleinstreu genutzt.

Plenterwald ist ein ungleichaltriger, dynamisch stabiler Wirtschaftswald mit festgelegter Stärken- und Höhenverteilung vorwiegend aus Tannen und Fichten. Wegen seiner hohen Feuchtigkeitsansprüche hat er sich in Deutschland nur oberhalb von 900 m ü. NN, z. B. im Schwarzwald, erhalten.

Porenvolumen bezeichnet das Luftvolumen, welches durch die verschieden großen Partikel im Boden entsteht. Für das pflanzenverfügbare Bodenwasser ist das mittlere Porenvolumen maßgeblich, welches durch das erstmalige Befahren mit schweren Maschinen bleibend zerstört wird.

Primärwald bezeichnet einen Wald, der z. B. im Zuge der nacheiszeitlichen, *»primären«* (erstmaligen) Wiederbewaldung entstanden ist. Er existiert bei uns so gut wie nicht mehr.

Räumden bezeichnet eine weitgehend baumfreie ehemalige Waldfläche, die durch Übernutzung oder Viehhaltung entstanden ist.

Schlagfront bezeichnet den Steilrand des stehen gebliebenen Waldes bei schlagweiser Nutzung.

Sekundärkrone bezeichnet die unterhalb einer abgestorbenen Krone sich wieder stabilisierende Begrünung eines Baumes. Sichtbar besonders häufig bei unseren Eichen.

Sekundärwald bezeichnet die künstliche oder natürliche Wiederbewaldung nach einer Entwaldung. Unsere heutigen Forste sind in der Regel die dritte bis fünfte Waldgeneration, die bereits aus Sekundärwäldern hervorgegangen, also Tertiärforste sind. Siehe auch Primärwald.

Solitärbaum ist ein im Freistand erwachsener Baum.

Soziologische Dynamik bezeichnet die Konkurrenz zwischen den verschiedenen Baumarten innerhalb eines Waldbestandes.

Standortfremd ist eine Baumart, die von Natur aus auf dem konkreten Standort nicht vorkam.

Sukzession ist die natürliche Ansamung von Bäumen auf einer Freifläche, beginnend mit der Besiedlung mit Pioniergehölzen. Durch Sukzessionen entstehen sogenannte Sekundärwälder

Submontan siehe auch montan.

Systemisch bezeichnet man eine Wirtschaftsweise, die kulturell die Prozesse der natürlichen Waldproduktion nachzuahmen versucht. Der Dauerwald nach Alfred Möller ist das einzige bewährte waldbauliche Betriebsmodell, das diesen Anspruch verwirklicht.

Taxation ist die meistens im zehnjährigen Rhythmus erfolgende Aufnahme der Waldbestände mit dem Ziel der Nutzungsplanung. Sie ist seit dem Fachwerkverfahren die Voraussetzung jeglicher Nachhaltsplanung der Holzerzeugung im Wald.

Trifttechnik siehe auch Bringung.

Umtrieb erfolgt bei Erreichen eines Forstes zur schlagweisen Endnutzung im Altersklassenwald. Er widerspricht dem Dauerwaldgedanken fundamental.

Waldbinnenklima bezeichnet die bioklimatischen Vorteile eines Waldes, speziell des vielschichtigen Dauerwaldes, infolge der Ausfüllung seines Waldinneren mit Chlorophyll.

Waldgefüge bezeichnet die innere und äußere Morphologie, speziell des Mehrgenerationenwaldes eines Dauerwaldes.

Waldökosystem kann ein natürliches oder ein kultürliches, d.h. aus Forstbewirtschaftung entstandenes, sein. Letztere können hinsichtlich ihrer dynamischen Stabilität sehr unterschiedlich sein.

Wirtschaftswald ist ein Wald oder Forst zur Holzerzeugung, in Deutschland rund 95% aller Wälder.

Zwischenstand bezeichnet die zwischen dem Oberstand und der Verjüngung des Unterstandes wachsenden Bäume, die den mittleren Waldinnenraum ausfüllen, bevor sie in den Oberstand einwachsen.

WILHELM BODE

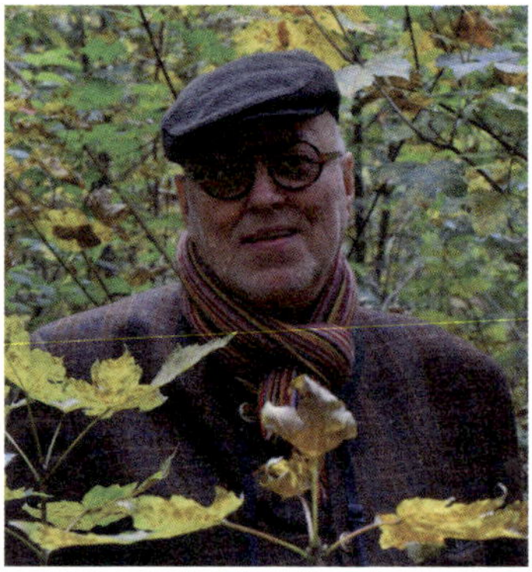

© Rainer Kant

ist Jurist und Forstakademiker. Er leitetete zunächst die saarländische Forstverwaltung und später die Oberste Naturschutzbehörde des Saarlandes. Seit seinem Studium an der Universität Göttingen Anfang der 70er-Jahre widmet er sich dem Dauerwald. In den 90er-Jahren des letzten Jahrhunderts war er Waldsprecher des NABU. Auf seine Initiative hin im Jahr 2004 ging die Ausweisung der deutschen Buchenwälder zum Weltnaturerbe der UNESCO zurück. Er ist Autor im Genre des Nature Writings u.a. mit den Titeln »Tannen«, »Hasen« und »Hirsche« und zudem Fach- und Sachbuchautor insbesondere zum Thema Dauerwald.

HANS JOACHIM SCHELLNHUBER

ist Klimaforscher und gehört weltweit zu den renommiertesten Klimaexperten. Bis September 2018 war er Direktor des 1992 von ihm gegründeten Potsdam-Instituts für Klimafolgenforschung. Von 2009 bis 2016 war er Vorsitzender des Wissenschaftlichen Beirats der Bundesregierung Globale Umweltveränderungen. Seit Dezember 2023 ist er Leiter des Internationalen Instituts für angewandte Systemanalyse in Laxenburg bei Wien. Er ist langjähriges Mitglied des Weltklimarats (IPCC).

CASPAR DAVID FRIEDRICH

war ein deutscher Maler, Grafiker und Zeichner. 1774 wurde er in Greifswald, Schwedisch-Pommern geboren, 1840 starb er in Dresden, Königreich Sachsen. Seine Werke umfassen Gemälde, Holzschnitte, Radierungen, Aquarelle, bildhafte Zeichnungen, Naturstudien, Entwürfe und Zeichenübungen. In seinen Hauptwerken wird in revolutionärer Weise der Bruch mit der Landschaftsmalerei des Barocks und des Klassizismus vollzogen. Gedeutet wurden seine Motive vor allem als Vereinigung von Landschaft, Religion und Allegorien von Einsamkeit, Tod, Jenseits- und Erlösungsvorstellungen. Die detaillierte forstwirtschaftliche Interpretation von Wilhelm Bode stellt eine Neuerung dar.

EINIGE LITERATUREMPFEHLUNGEN

Bode, Wilhelm: Alfred Möllers Dauerwaldidee – herausgegeben und kommentiert aus Anlass einer 100-jährigen Diskussion um die revolutionäre Dauerwaldidee Alfred Möllers. Verlag Matthes & Seitz, Berlin 2021.

Bode, Wilhelm und Rainer Kant: Dauerwald – Leicht gemacht! Ein Kurzleitfaden für die Praxis herausgegeben von B. A. U. M. e. V.; Verlag Natur + Text, Rangsdorf 2021.

Bode, Wilhelm: Tannen – Ein Porträt. In der Reihe Naturkunden. 2. Auflage, im Verlag Matthes & Seitz, Berlin 2023.

Börsch-Supan, Helmut: Die Bildgestaltung bei Caspar David Friedrich. Diss. Phil. Freie Universität Berlin, Berlin 1960.

Börsch-Supan, Helmut: Zur Deutung der Kunst Caspar D. Friedrichs. In: Münchner Jahrbuch der bildenden Kunst, 3. Folge, 27; München 1976.

Bremayer, Ursula und Bernd Ulrich (Hrsg. für das Deutsche Historische Museum): Unter Bäumen – Die Deutschen und der Wald. Sandstein Verlag, Dresden 2011.

Güse, Ernst-Gerhard: Paul Klee – Wachstum regt sich., Klees Zwiesprache mit der Natur. Herausgegeben im Auftrag des Saarland Museums Saarbrücken und des Prinz-Max-Palais Karlsruhe; 2. Auflage; Prestel Verlag, München 1990.

Grave, Johannes; Caspar David Friedrich. 2. Auflage; Prestel Verlag, München-London-New York 2023.

Földenyi, Laszlo F.: Der Maler und der Wanderer – Caspar David Friedrichs Ur-Kino, Verlag Matthes & Seitz, Berlin 2021 (als ein deutliches Beispiel vieler der zu diesem Buch gegensätzlichen Interpretationen der Werke des Malers nach primär abstrakten Regeln der Kunsttheorie der Romantik).

Hilf, Richard B.: Der Wald. Akademische Verlagsgesellschaft Athenaion, Potsdam 1938.

Illies, Florian: Zauber der Stille – Caspar David Friedrichs Reise durch die Zeiten. 2. Auflage, S. Fischer Verlag, Frankfurt a.M. 2023.

Mantel, Kurt: Wald und Forst in der Geschichte. Verlag M. & H. Schaper, Hannover 1990.

Makowski, Henry und Bernhard Buderath: Die Natur dem Menschen untertan – Ökologie im Spiegel der Landschaftsmalerei. Kindler Verlag GmbH, München 1983.

NN: Caspar David Friedrich – Die Erfindung der Romantik. Ausstellungskatalog 2006/7, herausgegeben vom Museum Folkwang Essen und der Hamburger Kunsthalle; Hirmer Verlag GmbH, München o.J.

NN: Magie der Bäume. Ausstellungskatalog anlässlich der Ausstellung in der Foundation Beyeler 1998. Verlag Gerd Hatje, Ostfildern-Ruit Schweiz o.J.

Safranski, Rüdiger: Romantik – Eine deutsche Affäre. Carl Hanser Verlag, München 2007.

Spiess, Werner (Hrsg.): Max Ernst – Retrospektive zum 100. Geburtstag. Prestel Verlag, München 1991.

QUELLENNACHWEIS DER ZITIERTEN GEDICHTE

Fuchs, Günter Bruno: Unterricht im Freien. In: Werke in drei Bänden, Band II Gedichte und kleine Prosa hrsg. von Wilfried Ihrig; Carl Hanser Verlag, München und Wien, 1992, S. 63, mit freundlicher Genehmigung vom Carl Hanser Verlag.

Fuchs, Günter Bruno: Betrunkner Wald. In: Werke in drei Bänden, Band II Gedichte und kleine Prosa hrsg. von Wilfried Ihrig; Carl Hanser Verlag, München und Wien, 1992, S. 320, mit freundlicher Genehmigung vom Carl Hanser Verlag.

Heuss, Theodor: Kurzes Repititorium für Forstlaien. In: Gästebuch des Dauerwald-Betriebs Hohenlybbichow (heute Polen), 1937; spontaner Eintrag des ehemaligen Reichstagsabgeordneten und späteren Bundespräsidenten Theodor Heuss (1884–1963).

Kirsch, Sarah: Der Wald. In: Sämtliche Gedichte, © Deutsche Verlags-Anstalt in der Penguin Random House Verlagsgruppe GmbH, München 2005, S. 150.

Kirsch, Sarah: Bäume. In: Sämtliche Gedichte, © Deutsche Verlags-Anstalt in der Penguin Random House Verlagsgruppe GmbH, München 2005, S. 306.

Schubart, Christian Friedrich Daniel: An die Freiheit (1789). In: Haider, Thomas. Deutsches Lyrik Korpus, 2022.

Tieck, Ludwig: Waldeinsamkeit. In: Projekt Gutenberg DE. URL: www.projekt-gutenberg.org/tieck/waldeins/chap008.html (aufgerufen am 14.08.2024).

DANK DES VERLAGES

Wir bedanken uns bei den folgenden Institutionen für die Genehmigung zum Abdruck von Bildern:

- Klassik Stiftung Weimar
- Zentrum Paul Klee, Bern
- bpk Bildagentur
- ARTOTHEK Bildagentur der Museen

- Sowie dem Bildarchiv der Hamburger Kunsthalle, das uns bei der Suche nach den Rechteinhabern unterstützt hat

Bei einigen wenigen Abbildungen ist es uns nicht gelungen, die Eigentümer festzustellen. Wir bitten in diesen Fällen darum, dass diese sich für eine nachträgliche Regelung bei uns melden. Herzlichen Dank!

Farbrichtigkeit: Wir haben uns um weitestgehende Qualitätssicherung bemüht, gleichwohl können Farbabweichungen entstanden sein. Wir bitten das zu entschuldigen.

DANK DES VERLAGES

Wir bedanken uns bei dem Fotografen Rainer Kant für die Abdruckgenehmigung der fantastischen Fotos des Dauerwaldes, die im Nachsatz und Buchinnenteil zu finden sind.

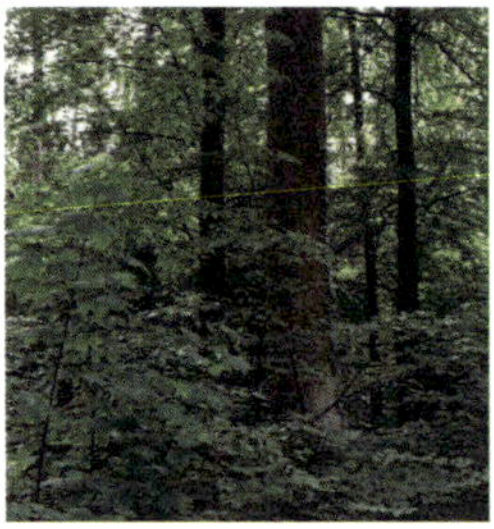 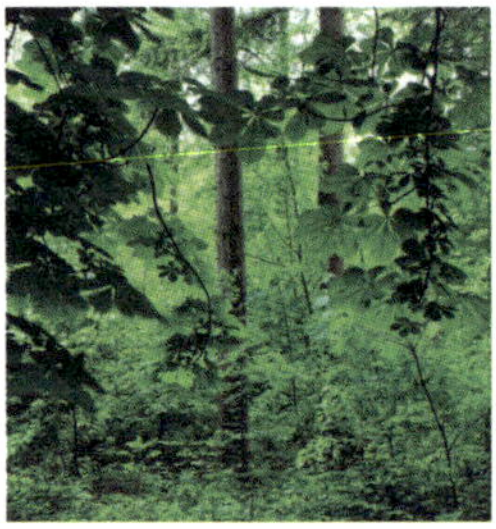 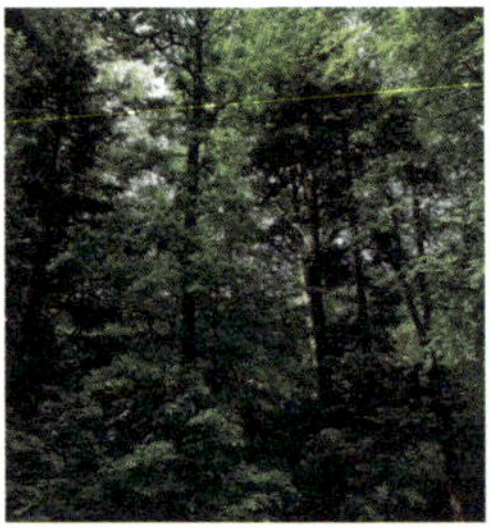

Auch bei dem Fotografen Laszlo Maraz bedanken wir uns für die Genehmigung zum Abdruck des eindrücklichen Fotos der Waldendzeit, das im Vorsatz des Buches zu finden ist.

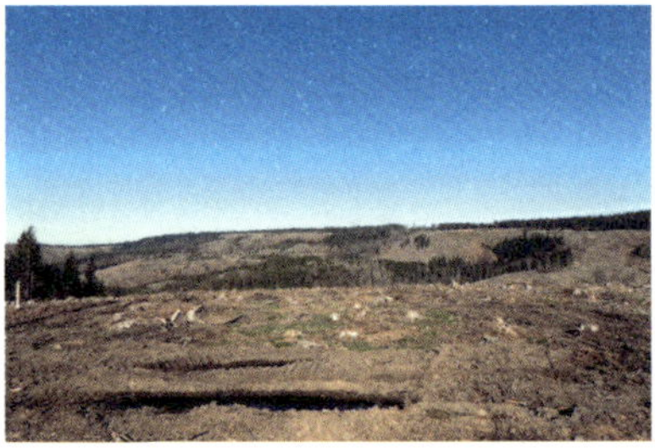

Jene Fotos im Vor- und Nachsatz des Buches sind in Schwarz-Weiß wiedergegeben, da dies zu den Gestaltungsprinzipien der EUROPEAN ESSAYS AN NATURE AND LANDSCAPE gehört. Im Original sind diese Fotos farbig.

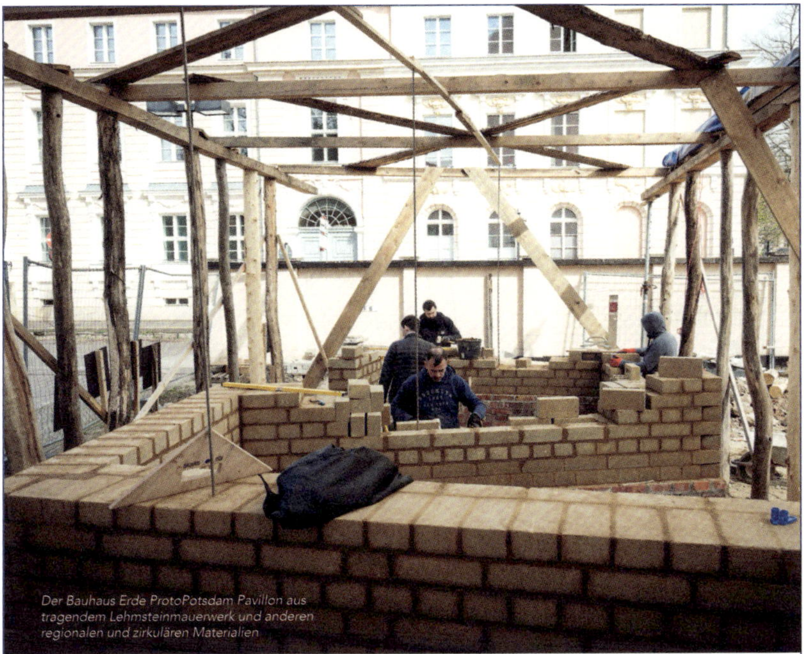

Der Bauhaus Erde ProtoPotsdam Pavillon aus tragendem Lehmsteinmauerwerk und anderen regionalen und zirkulären Materialien

WO WIR LEBEN

Landschaften und Naturphänomene in Europa. Beschrieben in ihrer Eigentümlichkeit. Berichtet wird davon, was die jeweilige Landschaft ausmacht, was sie war, was sie ist, was sie wird. Die Autorinnen und Autoren haben freies Spiel, ihr persönlicher Zugang zur jeweiligen Landschaft bestimmt und führt den Text. Die Essays verleiten zum eigenen Naturerleben und -erforschen.

Die Bücher dieser Reihe erscheinen im Verbund mit Kolleginnen und Kollegen in Europa.

»Eine neue Buchreihe macht Lust auf deutsche und europäische Naturlandschaften. Man lernt, man staunt, lässt sich begeistern.«
Süddeutsche Zeitung

»Die reichhaltige und notwendige Reihe EUROPEAN ESSAYS ON NATURE AND LANDSCAPE. – Jeder Band lässt eine eigene Handschrift erkennen, in jedem trifft sich eine gründliche Recherche mit persönlichem Erleben. – Die Fotografien sind atemberaubend, so dass man auf der Stelle in den Himmel schauen möchte. Oder wandern. Oder Wellen beobachten. Oder über die Heide laufen. Oder …«
Frankfurter Rundschau

»Eine neue ambitionierte und wunderbar gestaltete Reihe.«
Welt am Sonntag

»Mit jedem neuen Band komplettiert sich eine Symbiose, die den Wert der Grenzüberschreitung zeigt – und damit des Gemeinsamen.«
taz nord

»Ein Perspektivwechsel in der Landschaftswahrnehmung.«
Natur und Landschaft

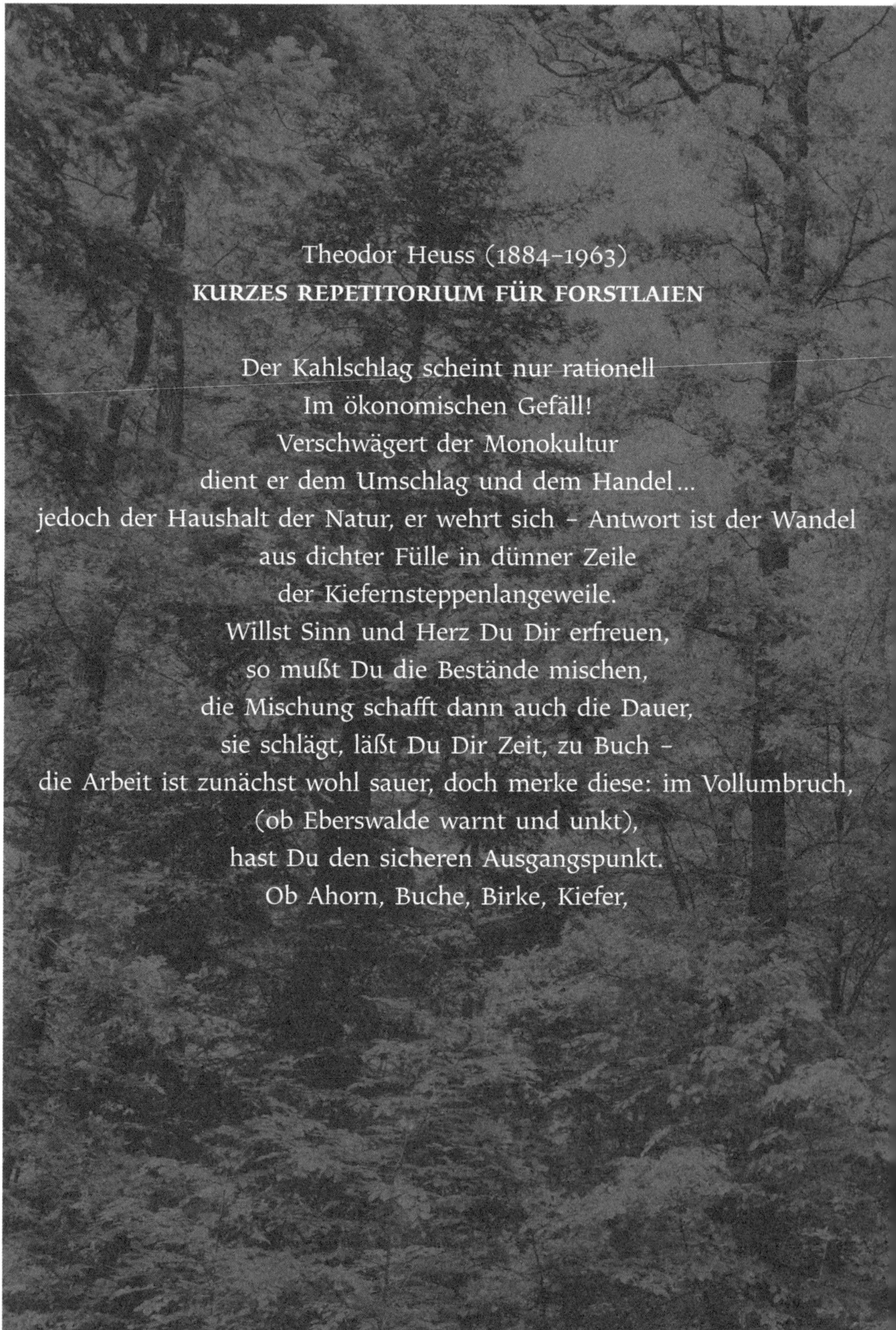

Theodor Heuss (1884–1963)

KURZES REPETITORIUM FÜR FORSTLAIEN

Der Kahlschlag scheint nur rationell
Im ökonomischen Gefäll!
Verschwägert der Monokultur
dient er dem Umschlag und dem Handel …
jedoch der Haushalt der Natur, er wehrt sich – Antwort ist der Wandel
aus dichter Fülle in dünner Zeile
der Kiefernsteppenlangeweile.
Willst Sinn und Herz Du Dir erfreuen,
so mußt Du die Bestände mischen,
die Mischung schafft dann auch die Dauer,
sie schlägt, läßt Du Dir Zeit, zu Buch –
die Arbeit ist zunächst wohl sauer, doch merke diese: im Vollumbruch,
(ob Eberswalde warnt und unkt),
hast Du den sicheren Ausgangspunkt.
Ob Ahorn, Buche, Birke, Kiefer,